木の文化都市づくり

四百年都市金澤のSDGs

水野一郎 谷口吉郎・吉生記念
金沢建築館 館長 監修

はじめに

新しい木の文化を重ねよう

水野一郎
金沢工業大学教授
谷口吉郎・吉生記念金沢建築館館長

金沢は現在も「木の文化都市」と言って良いだろう。市内の建物では、この文の末尾に載せた図のように7割以上が木造である。その多くは町家であり、中でも築110年以上になる江戸・明治のものから築75年を超える大正・昭和戦前までの古町家が数多く残っている。それらは糀《こうじ》屋や米屋や飴《あめ》屋、あるいは染物屋や畳屋や筆屋など家業の老舗、または新たな工芸や菓子の工房、カフェ・レストランや民宿などへの再利用建築などとして一つ一つが金沢の文化、経済、個性、活気を育《はぐく》んでいる。

当時の木造は、高い品質の杉・欅《けやき》・あて・ひばなどを適材適所に使い分け、精度、強度、美の加工技術で組み上げた凛《りん》とした佇《たたず》まいであり、その品格ゆえに文化財への指定・登録や、茶屋街、寺院群の重要伝統的建造物群保存地区(重伝建)への選定などと評価されている。

また、金沢には建築以外にも「木の文化都市」に相応《ふさわ》しい二つの領域がある。一つは漆器、桐工芸、建具造作、家具、木彫などの木工芸。もう一つは兼六園や金沢城玉泉院丸《ぎょくせんいんまる》庭園、西田家庭園や住宅の前庭、茶庭などの庭園文化、水源涵養《かんよう》林、木材供給林、果樹園、斜面緑地などの広範な緑樹環境がある。こうした幅広い「木の文化」を支えてきた「普請《ふしん》道楽」「道具道楽」「お庭道楽」「野山道楽」といった旦那衆と、作り、守る職人である大工、工芸家、植木屋、林業家などの存在も重要だ。

木造否定の戦後の流れ

先の大戦で日本の多くの都市が戦災を受け焼け野原になった。その反省から戦災復興計画では都市の不燃化をもくろみ、都心に木造排除の防火地区を指定、周辺部は木造の外壁を延焼防止のモルタルなどで覆った。復興は経済成長も重なって急激に進行し、車社会への転換や中心地区の高層建築群の出現、郊外住宅団地や駅周辺などを整えていった。この近代化は日本に蓄積されていた木の文化を基盤から縮減させ、金属やガラスやプラスチックなどの工業資材文化に変えていった。

この変化は非戦災都市にも及んできた。金沢でも江戸以来の木造が多数残る都心を全国同様の防火地区に指定して木造排除を決め、都心周辺を延焼防止のため木造の外壁をモルタルなどで覆うことも求めた。さらに戦災都市の中心街が近代的なビルを建ち並べ新しい賑わいを見せ始めると、古い町家が残る金沢は立ち遅れ感を覚え、「片町・香林坊近代化事業」に取り組んだ。近代化事業は木造店舗を鉄筋コンクリートや鉄骨に建て替えた不燃商店街を造ることやアーケード歩道整備などであったが、利便性の一方で画一的な街並みを全国に残した。

片町・香林坊近代化竣工の翌昭和42年に、金沢のすぐれた環境と近代化との調和を求めた建築家谷口吉郎らによる提言が石川県と金沢市になされ、それを受けて市は翌43年に「都市開発に伴う本市固有の伝統環境の破壊を極力防止するとともに近代都市に調和した新たな伝統環境を形成する」との日本初の「金沢市伝統環境保存条例」（伝環条例）を制定した。この条例により金沢は「伝統と創造」「保存と開発」という両面共生の街づくりを定めた。そして木造についても、「金沢市における木の文化都市の継承と創出の推進に関する条例」（令和4年）で新たな挑戦を歩み始めた。

にらみ利かす縄文の声

金沢建築館の「木で創る」展のトップに縄文の金沢チカモリ遺跡出土の巨大木柱根を展示した＝写真54ページ。直径80センチを超す栗の大木を半割したもので、紐《ひも》を通したのだろうか、10センチほどの丸い穴が2つあり、その間に縦横の溝が彫られている。それが人面に見えたので会場巡回のたびに会話をするようになった。会話は森で生活していた縄文人が鉄のない時代に、栗の巨木を伐《き》り揃《そろ》え、穴や溝を穿《うが》ち、ウッドサークルに建ち並べたことへの問いであった。その会話の中でにらみを利かした表情の柱根が「日本は今でも国土の6割以上が緑豊かな山地なので、木材という再生可能資源を永久に抱えている」「木材は軽量で加工し易いので、日本人は縄文以来、箸《はし》から大建築の構造に至る身近な資材として生産、流通、技術、デザインの全てに力を注いできた」「この資源、資材を再確認して21世紀に相応しい木の文化を創生したら」などと語りかけてきた。重い問いかけである。

令和３年金沢市都市計画基礎調査による建物の構造別現況図（一部）

一目瞭然 木の文化都市・金沢

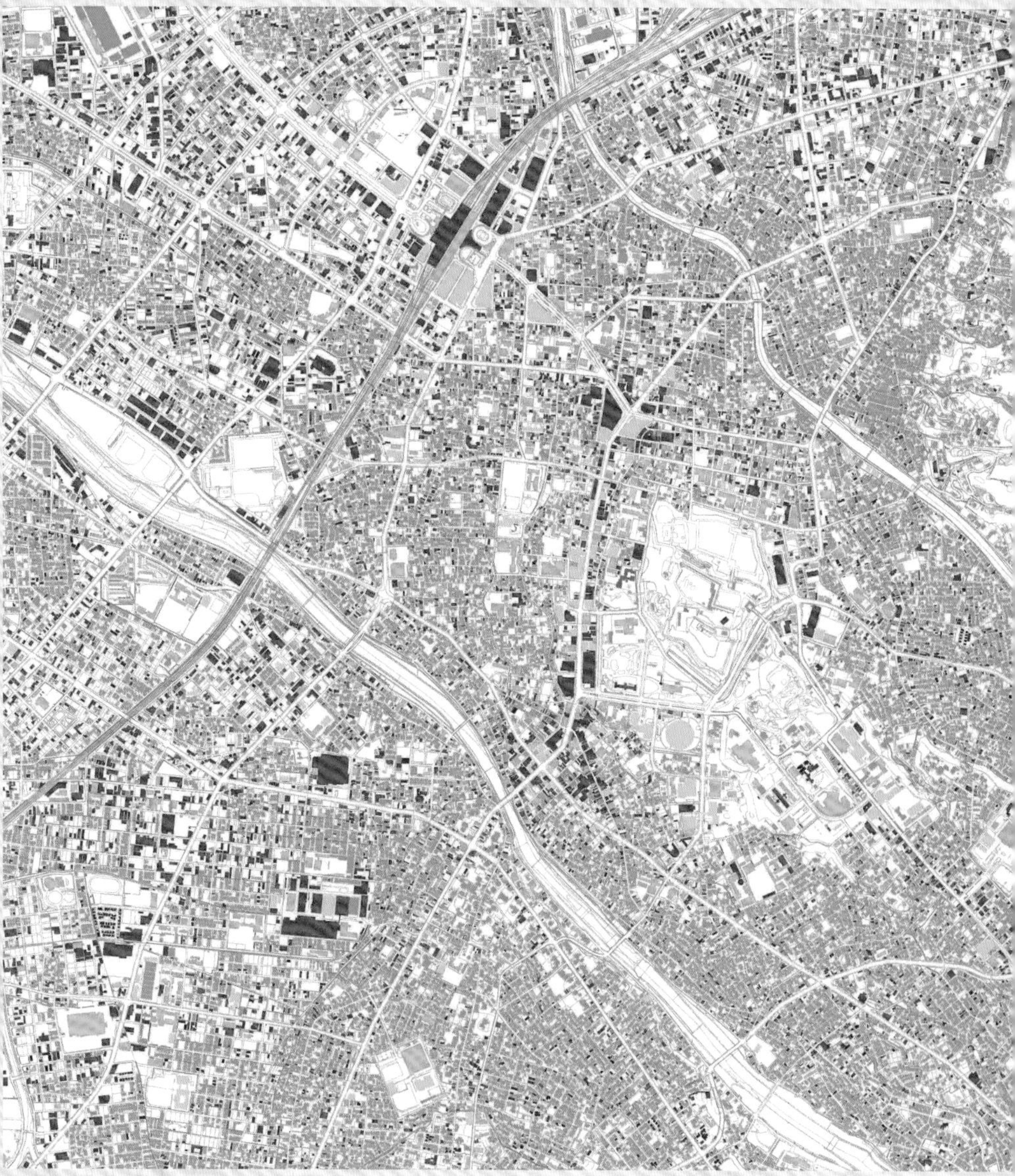

凡	例
木造・土蔵造	軽量鉄骨造
鉄骨鉄筋コンクリート造	れんが造
鉄筋コンクリート造	コンクリートブロック造
鉄骨造	石造り

目次

【第3章】城下町に伝わる「木の文化」

【第4章】 木のふるさとを守り育てる

【第5章】 先進自治体、若者に学ぶ

【第6章】民間活力で支える

本書の各章に登場する人たちの所属と役職は、2023（令和5）年3月31日現在のものとさせていただきました。

第１章

動き始めた「木の文化都市」

「木の文化都市・金沢」はまちづくりの柱

「木の文化都市・金沢」をご存じですか。金沢市が市民とともに今後進めるまちづくりの、グランドデザインの大事な柱です。四百年都市金澤のＳＤＧｓ*と言ってもよいでしょう。

藩政期、百万石の城下町金沢でまちづくりの根幹を成すのは木でした。まちの中心にあった金沢城はもちろん、大量の木材で造られており、民家もほとんどが石置き屋根の木造でした。生活の中で受け継がれてきた食器や道具類も木製が少なくありません。山々

金沢城河北門の豪壮な梁や柱は見応え十分

「木の文化都市・金沢」のシンボル金沢城で復元された河北門＝金沢城公園

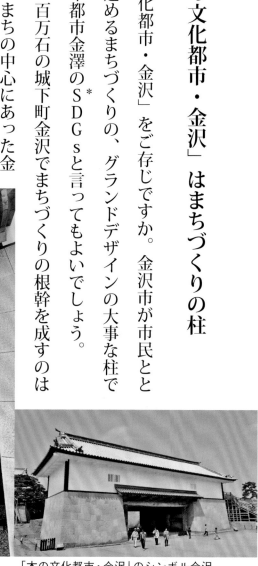

や庭園の豊かな緑と調和しながら風格のある、ぜいたくな住空間を形成してきました。市域４６８・６平方キロの約６割を森林が占めており、「森の都」との愛称があるのもうなずけます。

老舗米穀店の風情が残る金澤町家情報館＝金沢市茨木町

先の大戦では空襲を免れ京都と並び金沢は、市域の規模や人口から、全国でも希少な非戦災都市として残りました。ところが、昭和の高度成長期には、木造建築とりわけ金澤町家*がどんどん姿を消し、気が付いたら「待てよ」と黄信号が灯ったのです。実際、金澤町家は２０１７(平成29)年の調査

＊ＳＤＧｓ　Sustainable Development Goalsの略称。２０１５年９月25日に国連総会で採択された、持続可能な開発のための17の国際目標。

＊金澤町家　金澤町家は、１９５０(昭和25)年以前に建築された伝統的な構造、形態または意匠を有する木造の建築物を指す。概ね町家、武士系住宅、近代和風住宅に分類されている。市によると、１９９９(平成11)年に約1万９０００軒だったのが、２０２２(令和４)年時点で、５８００軒と認定している。

で市内に6125軒ありましたが、その後も毎年100棟以上が姿を消し、減り続けています。

「木質都市」構想が発端

昭和、平成を経て、2020(令和2)年1月の年頭会見で、当時の山野之義市長が新年度、木造建築や木材をふんだんに取り入れた建物が集積する「木質都市」構想を明らかにしました。藩政期以来の歴史ある建造物が数多く残る町並みの保全ばかりではなく、新たに建てられる家屋やビルにも木造化を促し、「歴史都市」[*]第1号に認定された金沢の都市格をさらに高める一大プロジェクトに位置づけたのです。山野市長は記者会見で、こう呼びかけました。

＊「歴史都市」第1号　金沢市は2009(平成21)年1月、国の「歴史まちづくり法」に基づく歴史都市の第1号に認定された。金沢のほか第1号に認定されたのは、高山市(岐阜県)、彦根市(滋賀県)、亀山市(三重県)、萩市(山口県)である。金沢市は世界歴史都市連盟にも、国内で京都市、奈良市に次いで3番目に加盟している。

大通り沿いにたった一軒残った石置き屋根、木造の*旧森紙店。市の活用策が問われる
＝金沢市野町1丁目

「金沢で木の建物は個性」

「戦火に遭わなかった金沢で、木の建物は個性です。これを守ると同時に、新たに創出していこうではありませんか」

そして同年6月にスタートしたのが、諮問会議「木質都市を創出する金沢会議」の発足です。都市計画や建築構造、建築防災などに詳しい学識者ら委員7人で組織し、座長に谷口吉郎《よしろう》・吉生《よしお》記念金沢建築館館長の水野一

*旧森紙店　江戸末期に建てられた木造2階建ての町家建築。板材を石で固定する石置き尾根が特徴で、1983（昭和58）年に市指定保存建造物の第1号に指定された。市は2015年、町家が面する国道157号の拡幅に合わせ、空き家となった建物を取得。解体せずに動かす「曳き家」の工法で6㍍後方に移動、保存してきた。
2022年、板材を固定する石置き屋根の構造に関心を持った米国フリーマン財団が保全に役立ててと、所有する市に約2千万円の支援を決めた。

郎金沢工大教授が就きました。委員には福光松太郎金沢経済同友会代表幹事も名を連ね、既に木の文化都市づくり推進を提唱していた、金沢経済同友会の金沢創造都市会議も賛同する意向を示しました。

創出する金沢会議が発足

新年度入りとともに「第1回木質都市を創出する金沢会議」*が、武蔵町のITビジネスプラザ武蔵を発信地として、オンラインで開催されました。コロナ感染を懸念しての会議でしたが、「木質」の定義や、創出方針などについて活発に意見交換。市が目指す「木の供給から活用まで循環する街」について賛同が得られたほか、「公共施設へ積極的に木材を活用してはどうか」などの提案がありまし

＊「木質都市を創出する金沢会議」委員名簿

座長	水野　一郎	谷口吉郎・吉生記念金沢建築館館長
委員	腰原　幹雄	東大教授
	永井三岐子	国連大学サステイナビリティ高等研究所 いしかわ・かなざわオペレーティングユニット事務局長
	西村　幸夫	國學院大教授
	長谷見雄二	早稲田大教授
	福光松太郎	金沢経済同友会代表幹事
	宮下　智裕	金沢工大教授

た。

日を置かず山野市長は「木質都市」という名称を、「木の文化都市・金沢」に改めて、市内外に発信する方針を打ち出しました。この新たな取り組みは、建築物の木質化にとどまらないと提起。木質化を持続可能とするためには森林資源の循環も視野に入れ、さらには金澤町家や木を素材とする伝統工芸など、あまねく生活に直結した文化を土台にすることから、「木の文化都市・金沢」がふさわしいとなりました。木工芸で松田権六ら文化勲章受賞者や人間国宝を輩出している土壌にも根差していると

国立工芸館に常設されている文化勲章受章の人間国宝、松田権六の仕事部屋。ここで金沢の代表的木工芸・漆芸を究めた＝金沢市出羽町

各茶屋の外壁が接し屋根が連なる重伝建「東山ひがし」＝金沢市東山1丁目

言うのです。

全国でも貴重な木造都市

これに沿ってくだんの金沢会議も、「木の文化都市を創出する金沢会議」として第2回会合を開催しました。水野座長が第1・2回の会議を通じて強調したのは、木造建築という視点です。金沢には茶屋街や寺院群など*4つの重伝建エリアがあり、都心の木造率は、多数の町家が残る伝統環境保存区域で81%、幹線道路周辺でも57%と、金沢は全国で

＊4つの「重伝建」　重伝建は国の重要伝統的建造物群保存地区の略語。重伝建は市が条例に基づき決定した伝統的建造物群保存地区でも、国が特に価値が高いとして選定した地区。金沢市では2001年11月の東山ひがし（茶屋街）を筆頭に主計町（同）、卯辰山麓（寺町）、寺町台（同）の4地区が選定されている。

「女川」浅野川のほとりに茶屋が並ぶ重伝建の「主計町」
＝金沢市主計町

旧北国街道沿いに形成された重伝建の「卯辰山麓」

藩政期からの寺々が軒を連ねる重伝建の「寺町台」＝寺町5丁目

も貴重な木造都市であることでした。

もっとも、日本の都市計画では従来、不燃化が基本的目標とされ、木造建築の新設ができない防火地域や、耐火性能を必要とする準防火地域を指定しており、「日本建築の原点である木造建築が、都市から消えるように自ら規定していた」と、その矛盾を水野座長は鋭く突きました。

だからこそ、400年の伝統ある木造都市を継承し、新たな木づかい運動[*]の創造を目指す「木の文化都市・金沢」プロジェクトは有意義である旨、一貫して説いてきたのです。

「木の文化都市」を創出する金沢会議の役割は、金沢が長らく木の文化の薫り高い城下町であったことを再認識し、今後、その基盤に立ってさらなる進化、深化を図るための着火剤になることでした。

提言書に示された6つの柱

2020(令和2)年6月に第1回会議を開き、翌年1月の提言書

＊木づかい運動　林野庁では、2005(平成17)年度から、木材を利用することの意義を広め、木材利用を拡大していくための国民運動として「木づかい運動」を展開している。

のとりまとめまで、水野座長ら7人の委員が、「木の文化都市・金沢」の継承と創出を議論し、その実現へ向け、6つの柱を決めました。その柱は、

1. 「木の文化都市・金沢」の継承と創出
2. 公共施設での積極的な木の活用
3. 民間施設への木の活用を促進
4. 暮らしや生業の中での木の活用
5. 木をめぐる循環型社会の確立
6. 木の文化都市を支える金沢型推進体制の構築

以上、6つの柱を立てました。

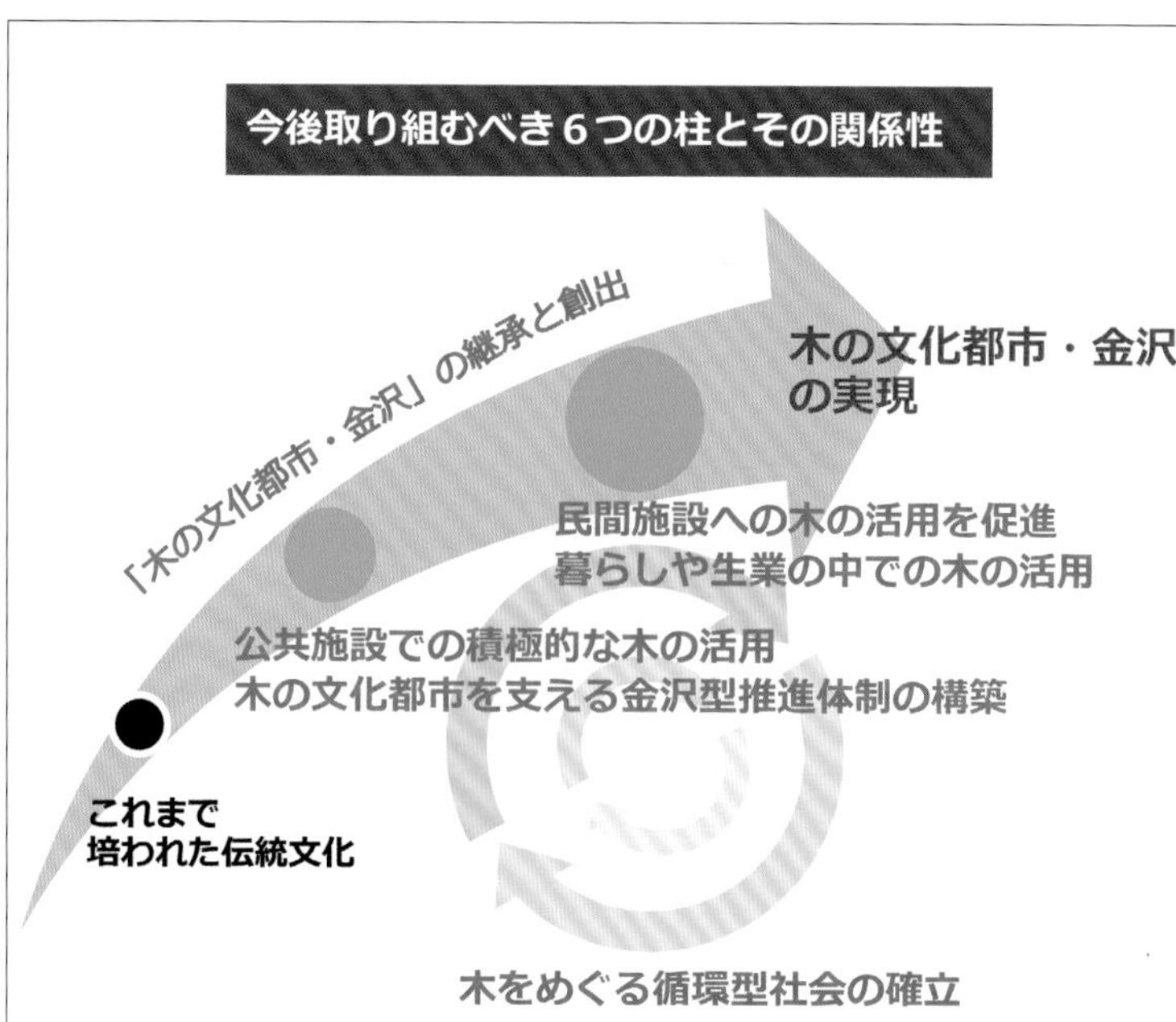

各柱を「提言書」から引用して、もっと詳しく述べると次の通りです。

1．「木の文化都市・金沢」の継承と創出

金沢市には、木の魅力が活かされたまちと文化を継承する高い市民意識がある。その上で、木の文化都市の継承と創出に取り組む意義と、その方向性を明確に、かつ分かりやすく示し、市民や業界と共有していくことが大切である。

〈取り組みの方針〉

・木の文化都市の意義と方向性を共有

・木の価値（多様な特性）を共有

金澤町家が3軒連なった家並み。右端のオレンジ色のコーンとベージュ色のビルの間にあった町家は近年、姿を消した＝金沢市尾張町1丁目

・市民の機運を高める事業の展開

・木の文化を実感できるモデル地区での事業の推進

2．公共施設での積極的な木の活用

地元産材もふんだんに使った金沢市役所第二本庁舎
＝金沢市柿木畠

多くの市民に対し、木の活用を促していくには、市民が集う公共施設において、木を積極的に使用していくことが効果的である。その際には、地域産材の活用や木に関わる仕事の安定的な供給も視野に入れた検討を行うことが望ましい。

〈取り組みの方針〉

・計画的な施設整備

・木の適切な使い方の確認体制の構築
・公園、緑地、街路樹の充実

3. 民間施設への木の活用を促進

市民の意識醸成とあわせて、事例の紹介や経済的な支援を行うことで、さらなる木の活用が期待できる。

〈取り組みの方針〉
・歴史的建築物を継承していくための支援の拡充
・中高層建築物における木の活用に向けた支援制度の創設
・産学官と連携した技術の共有や未来の担

街路樹の新名所となったメタセコイアの冬の並木道
＝金沢市太陽が丘

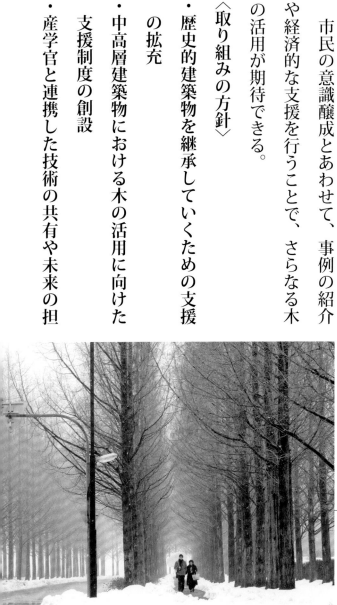

い手育成
・庭木植栽の推奨
・まちなみ、家並みの継承

観賞者を幻想世界にいざなう雪つりのライトアップ＝兼六園

4．暮らしや生業の中での木の活用

木の文化都市の創出には、金沢の暮らしに根付いた木製建具や雪つりなどの伝統技術や、木に由来した道具やしつらえなどの伝統芸能・伝統工芸の存在も重要である。作り手と使い手の双方の意識や技術を高めることで、木に関わる伝統的な文化を継承・発展させる仕組みづくりが必要である。

〈取り組みの方針〉

・木に関わる職人の育成
・子供の頃から木に触れる環境づくり
・木工品の普及、啓発

5. 木をめぐる循環型社会の確立

「木の文化都市・金沢」の実現に向けては、木の安定的な「活用」と「供給」の両輪で進めることが不可欠であり、長期的に循環型社会の確立を目指すことは環境負荷の低減にもつながる重要な取り組みであ

初市に並んだ金沢産木の代表格スギ＝金沢市湊1丁目

る。まずは、循環型社会を構成する供給を支える各分野における課題を共有し、連携して改善を図る必要がある。

〈取り組みの方針〉

・林業、加工業、建設業の課題の共有と連携

・木材コーディネーターの育成および活用

・金沢のＳＤＧｓ主要事業としての貢献

6. 木の文化都市を支える金沢型推進体制の構築

まちを建築物などの木を用いた文化に磨き上げていくには、技術、法令、経済的な側面から、伝統的な工法を継承する手法、新

五十間長屋に置かれた木造軸組工法への理解を深めるための構造模型＝金沢城公園

ベテラン大工から木工の指導を受ける職人（左）
＝金沢職人大学校

工法の開発や安定的な木の供給に向けた研究を進める必要がある。

そのためには、木とともに暮らしてきた市民の力を背景に、産学官の連携・協働が大切であり、意見交換をしながら木に関わる業界間の関係を構築していくことが必要である。

〈取り組みの方針〉

・産学官が融合した推進体制づくり
・新技術と法制度をつなげていく体制づくり
・研究を後押しする庁内横断の体制づくり

以上の提言に合わせて、行政が主導し施策を進めていくには、条例が欠かせません。

22年4月に条例施行

「金沢市における木の文化都市の継承と創出の推進に関する条例」が２０２２(令和４)年４月１日に施行されました＝本書１８８ページ。

条例の要点は、「木の文化都市」の継承と創出の推進について、基本理念を定め、市、市民および事業者の役割を決めて、「金沢市固有の歴史、文化および自然と調和した品格と魅力のある、持続可能な都市の実現を目指すのが目的

大勢の市民が参加して開かれた「木の文化都市・金沢」シンポジウム　＝金沢市内のホテル

である」としています。

施行に先立つ3月、市長選で初当選した村山卓市長が就任しました。副市長を務めていた時から「木の文化都市・金沢」に関わっており、基本的にこの施策を継承することになりました。

啓発施策を相次ぎ実施

条例施行後は市主催の市民向けシンポジウムを開催するなど、市民への啓発施策が相次ぎ実施されました。

実は村山市長の就任前、「木の文化都市・金沢」でモデル地区に尾張町を設定するとの案が市から示されましたが、地元住民サイドからの盛り上がりにも今一つ欠け、具体的な施策はなく、関係者をやきもきさせてきました。

期間限定の木の休憩所

とはいえ、市はこのモデル地区での施策に手をこまねいていたわけではありません。県産材を活用した、期間限定の休憩所「木の場―ＫＩＮＯＢＡ―」が金沢市尾張町２丁目の和菓子店「越山甘清堂」前に開設されました。たった1カ月間でしたが、同店の開店時間に合わせて自由に利用できるとあって、観光客だけでなく、市民も大勢利用し、「何とかもう少し長く置けないか」と期間延長を求める声も少なくありませんでした。もっと

県産スギを活用して作られた休憩所＝金沢市尾張町2丁目

も、木製構造物の良さは、さっと設置して速やかに撤去する簡便さにあるのかもしれません。

この造りものは、県産スギを使った木材パネルのＣＬＴ（直交集成板）を曲線状にくりぬいて組み合わせ、内部に腰掛けられるようにした構造で、面積は13・6平方メートル。21年度の「木の文化都市・金沢ミライまちづくり」の学生提案事業の最優秀賞を受けたアイデアを実現させたもので、金沢工大の学生たちが設計しました。色合いと形状が柔らかい木のぬくもりをかもし出し、好評を博しました。

その越山甘清堂の本店隣に「Ｃａｆｅ　Ｋａｎ」がオープンしました。2階建ての金澤町家をリニューアルしたもので、今度はモデル地区に呼応して、業《なりわい》を営みます。

ビル1階に移転オープンした越山甘清堂本店（右）。その左隣に2階建ての金澤町家をリニューアルしてオープンした「Cafe Kan」
＝尾張町2丁目

尾張町にシンボル建物

22年11月、「村山カラー」として示されたのが、尾張町2丁目の旧菓子文化会館について、「木の文化都市」の象徴となるような建築物を整備する考えです。現在、金沢美大柳《やなぎ》宗理《そうり》記念デザイン研究所として利用されている建物は今後、取り壊します。下新町の泉鏡花記念館に隣接しており、尾張町の歴史やまちづくりの視点から、「どのような機能がふさわしいか検討したい」と村山市長は述べました。ちなみ

「木の文化都市」の象徴となる建築物整備が検討される金沢美大柳宗理記念デザイン研究所＝尾張町2丁目

に金沢経済同友会は旧菓子文化会館の跡地について、泉鏡花記念館との連動を提言しています。

旧菓子文化会館は築56年で、耐震工事は行われていません。西町教育研修館（西町三番丁）で計画されている「金沢美大柳宗理デザインミュージアム（仮称）」の完成後に取り壊す予定としています。したがって、ミュージアムの完成までに少なくとも4～5年かかる見通しで、旧菓子文化会館の取り壊しに伴う跡地での建築はその後となります。

泉鏡花の生家跡を再利用した泉鏡花記念館。写真の左側に旧菓子文化会館
＝金沢市下新町

森育、木育の拠点整備

「木の文化都市」条例制定から年が明けて1月下旬、２０１９年３月に閉校になった旧東浅川小の旧校舎を改修し、地域の子どもたちに、森林資源の大切さを伝える「森育」や「木育」の拠点として再生する方針が打ち出されました。

市は林業の人材育成や木に親しむワークショップ、イベントなどを行う場にしたい考えで、地元関係者らと協議に入りました。周囲の豊かな自然環境に恵まれた学校跡地を有効活用し、地域活性化を図ります。

市は21年10月、森林整備や木材利用促進に運用され

「森育」や「木育」の拠点として再生する旧東浅川小の旧校舎

る「森林環境譲与税」の活用検討会からの提言を受け、市民と一体となった森づくりの推進に向けた施策の検討を進めてきました。その一環として、東浅川小の跡地を「森と市民をつなげる新たな拠点」として整備する方針を決めたのです。

旧東浅川小は１８７３（明治６）年に袋小として創立。跡地の敷地面積は約９千平方メートルで、旧校舎は１９８１（昭和56）年に建てられ、耐震補強工事は完了しています。児童数の減少に伴い、19年に閉校となり犀川小と統合しました。20年11月には東浅川地区町会連合会が跡地の有効活用を求める要望書を市に提出しています。

同連合会は老朽化が進む公民館や児童クラブの入居も希望しており、市は検討したいとしています。閉校となった小学校跡地を「木の文化都市・金沢」の施策に活用するのは初めてです。

金沢市立玉川こども図書館
＝金沢市玉川町

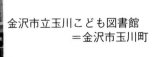

今後もこうした閉校となった小学校跡地の、木の文化啓発拠点への転用がありそうです。

玉川こども図書館には「木の広場」

近年、新設の公共建築物に木を活用した例では、22年4月に、市立玉川図書館に隣接して建て替えられた市立玉川こども図書館の1階の「木のひろば」があります。

このスペースの内装に県産の木材がふんだんに使われているのです。マツやスギはもちろん、再整備前の敷地内に植えられていた木を伐採して木材にしました。例えば、敷地内にあったイ

再整備前の敷地にあったイチョウの木を生かした本展示のシンボルツリー（手前左）＝金沢市立玉川こども図書館

チョウの木。これは本を展示するシンボルツリーになりました。また、市内の公園でよく見かけるメタセコイア。これは、「木のひろば」の天井に使われています。

23年4月開校の朝霧台小でも

23年4月、田上本町4丁目で開校した朝霧台小では、市の学校建設で過去最多となる木材が使われました。市内で近年建てられ「木質校舎」が売りの森山町小校舎と比べても2倍の量です。建材の一部は田上校下の市営造林から切り出し、伐採後の土地は「学童林」として「森育」に活用する徹底ぶり。市が推進する「木の文化都市・金沢」のモデル校を目指します。

建設地は田上小(田上の里2丁目)から南に直線距離で約80

木の大きな柱が目立つ
朝霧台小の正面玄関
＝金沢市田上本町4丁目

床板、腰板、壁から柱まで木がふんだんに使われた新校舎＝金沢市の朝霧台小

0メートルに位置し、校舎の延べ面積は7047平方メートル、体育館は2583平方メートル。市内で統合を除く新小学校の設置は2007年の杜の里小以来、16年ぶりです。

新校舎では、天井や廊下、教室の間仕切りなどに、県産材をふんだんに使っています。2021年2月に「木の文化都市を創出する金沢会議」が提言を出してから初めて着工した学校施

設です。木材が比較的多く使われ、20年4月に新校舎となった森山町小(90立方メートル)を上回る181立方メートルを使っています。

田上校下は豊かな自然が身近にあることから、地域の市営造林で伐採したスギを生かして、森林資源の循環を実現します。伐採後の土地は、児童が植栽などを体験できるように整備する方針で、開校後、学校や地元関係者で活用法を協議します。

10年間の推進計画を策定

22年4月、さらに市は条例に沿った推進計画策定に乗り出しました。「木の文化都市」のまちづくり方針をエリア分けし、香林坊や武蔵などの都心軸は「重点区域」、東山や寺町は「継承区域」、金石街道沿いなどは「創出区域」として、それぞれに合った木質空間を整備します。

計画は、23年度から10年間となり、現段階の案では「木の文化を感じられるくらしとまちをつくる」を目指すとしています。

継承と創出を基本方針とし、木を使った製品や工芸の積極的な導入、官民施設の木造化などを掲げています。

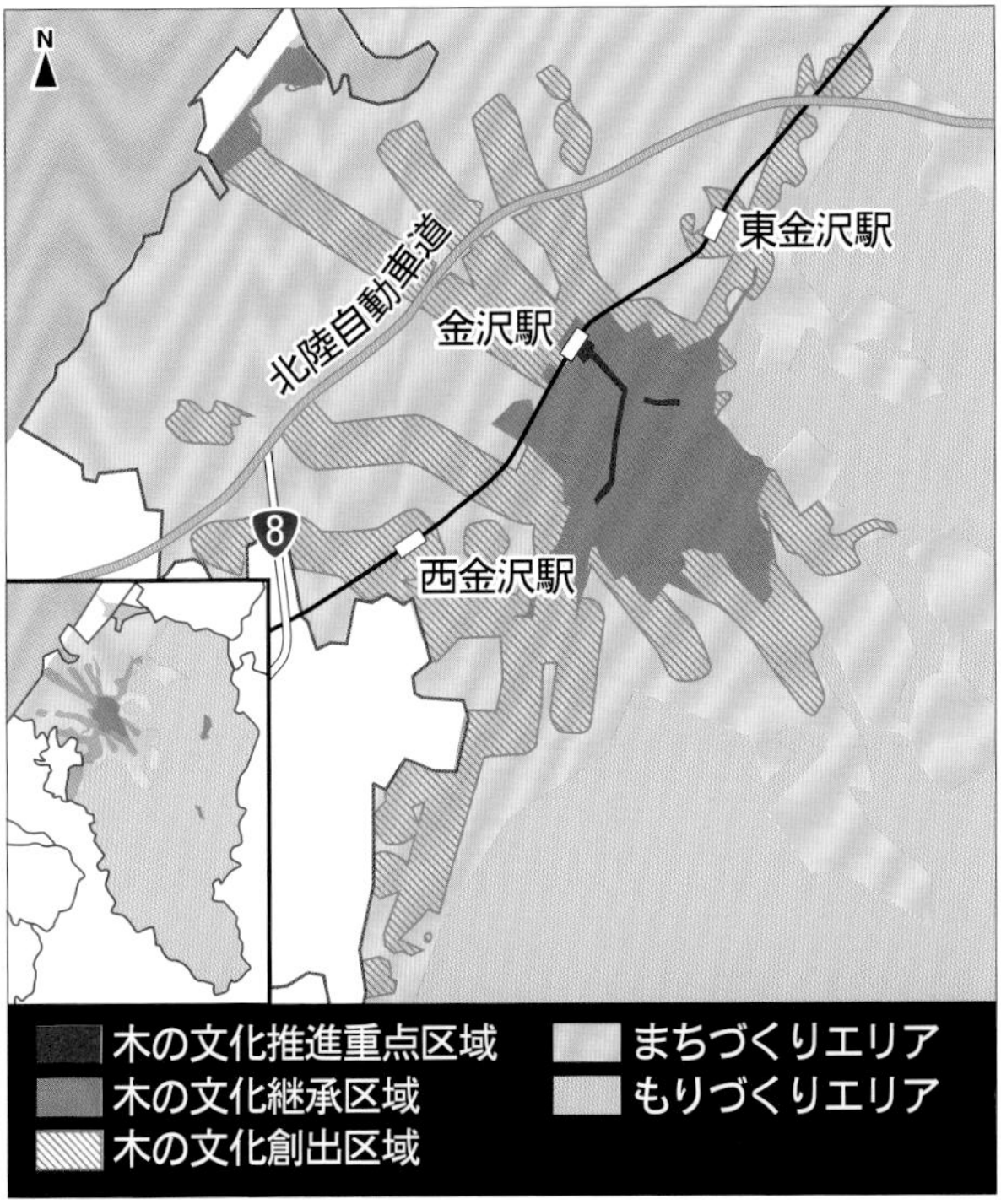

まちづくりエリアは3区域

エリア別の推進方針では山間部を「供給エリア」、市街地を「まちづくりエリア」とします。このうち、まちづくりエリアは3区域に分けます。重点区域は最も集中的に木質空間を整備する区域で、金沢駅から武蔵を経て片町に至る幹線軸と尾張町かいわい。継承区域は町並み保全に重点を置きます。創出区域は大規模建築物などに木を取り入れるなど、新たな取り組みを促す地域とします。

10年をかけて取り組む以上、子々孫々に誇れる「四百年都市金澤」のSDGs（持続性ある開発目標）となるでしょう。「木の文化都市」条例に基づき、推進計画を用途に従い市街図に色分けし、いよいよ、本格始動です。

第2章

国内外に広くアピール

「G7会合に使えないか」

木の文化都市・金沢は市民に有形無形の恩恵をもたらすと同時に、県内外はもとより海外にもその存在をアピールしなければ、意味がありません。

2023（令和5）年1月11日、金沢市の谷口吉郎・吉生記念金沢建築館を、馳《はせ》浩知事が初めて視察しました。

同館のシンボルである、谷口吉郎氏設計の迎賓館赤坂離宮の和風別館「游《ゆう》心《しん》亭《てい》」を忠実に再現した広間と茶室を目の当たりにして、感嘆の声を上

迎賓館赤坂離宮の「游心亭」を再現した広間を見学する馳知事
＝金沢市寺町5丁目の谷口吉郎・吉生記念金沢建築館

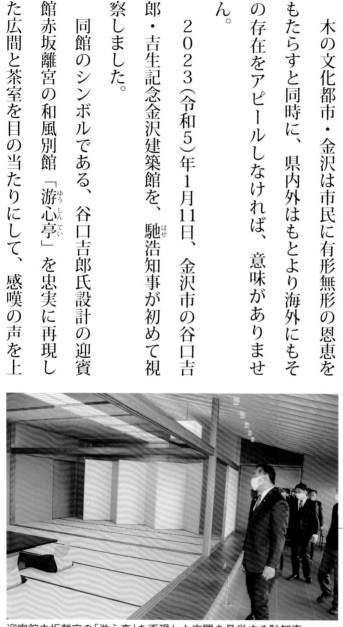

げました。

「おぉ素晴らしい」

言葉を継いで傍らの村山卓市長には

「５月のＧ７（先進７カ国）富山・金沢教育相会合に使えますね。ぜひ提案してみてください」

声を弾ませて検討を促し、水野一郎館長から詳しい説明を聞いて、金沢らしさを強くアピールできる場であると、直感を確信に深めたようです。視察を終えた意見交換でも、

「いやぁ、非常にいい場所を案内してもらいました。私も金沢市民ですが灯台下《もと》暗しでした」と感想を述べ、今後も教育相会合だけでなく、10、11月の国民文化祭、さらには近未来の政府系の国際会議で大いに活用できると見立てました。

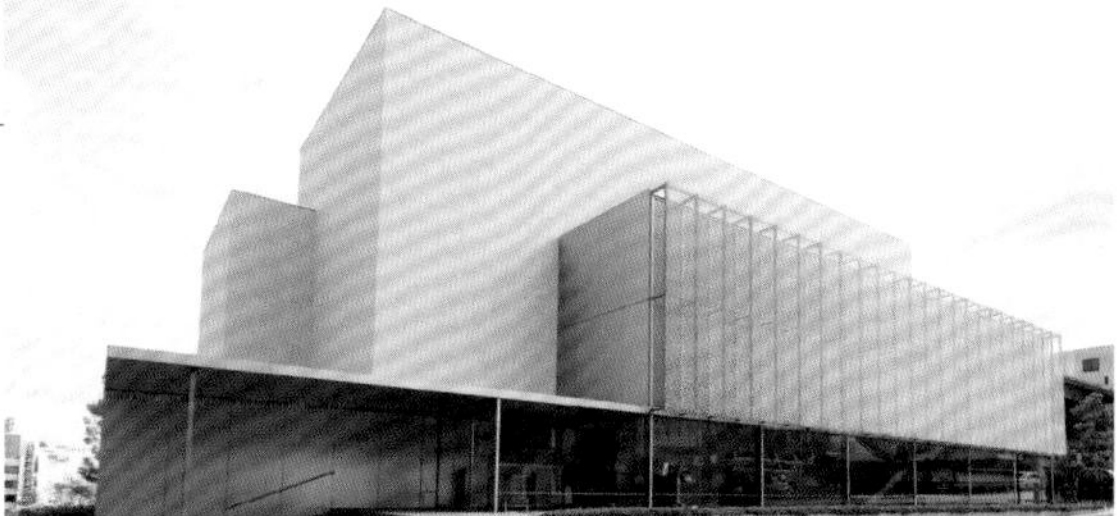

城下町金沢の既存の町並みとの調和を図った谷口吉郎・吉生記念金沢建築館の外観＝金沢市寺町５丁目

これに対して村山市長は、市中心部に県と市の文化施設が集中している市の特性をあげ、「文化観光を進めるためにも、県と市の施設の連携はとても大事ですね」と共鳴しました。

知事と市長の公式な懇談は2012年以来11年ぶりのこと。期せずして県政、市政双方に「木の文化都市・金沢」の発信源として、谷口吉郎・吉生記念金沢建築館*を活かせると認識したようです。

外国賓客のための意匠

実は馳知事をうならせた「游心亭」は、建物内に現存する施設を忠実に再現し、常設展示するという日本初のしつらえです。もともと東京・元赤坂の迎賓館赤坂離宮和風別館「游心亭」は、47畳の主

＊谷口吉郎・吉生記念金沢建築館　建築とまちづくりをテーマとし、2019年7月に開館。東宮御所（現・仙洞御所）や東京国立博物館東洋館などの設計を手がけた日本を代表する文化勲章受章の建築家であり金沢市出身の、谷口吉郎氏の住居跡に建てられた。吉郎氏の長男であり、ニューヨーク近代美術館やGINZA SIXなどを設計した世界的に活躍する建築家の谷口吉生氏が設計した。

再現された游心亭の広間=谷口吉郎・吉生記念金沢建築館

和室と茶室からなる、外国賓客をおもてなしするためのゆったり空間として機能してきました。

元赤坂の游心亭を設計したのは、金沢市出身で文化勲章受章者の建築家、谷口吉郎氏です。その遺志を継いで、長男の世界的建築家、谷口吉生氏が設計しました。したがって、金沢を訪れる外国の賓客に、これを活用しない手はありません。

游心亭の障子戸を開け放つと、水庭越しに城下町金沢の町並みが一望でき、眼下には「男川」といわれる川幅広い犀川が流れます。

外国の賓客は、この景観に感動し、SNSで発信したり、カメラに収めて母国に持ち帰り、金沢の素晴らしさを広めてくれます。床が畳であるのも和の居心地を印象づけるでしょう。長男の谷口吉生氏が設計した、世界の仏教哲学者鈴木大拙博士を顕彰する鈴木大拙館とセットでもてなせば、「東

心静まる鈴木大拙館の「思索空間」＝金沢市本多町3丁目

展示スペースの両側に伝統と現代の木造建築の模型やパネルを置いて開かれたフォーラム＝谷口吉郎・吉生記念金沢建築館

洋の心」に金沢で触れたとして、宣伝効果は倍加するに違いありません。まさに父子鷹の偉業が「木の文化都市・金沢」を印象付けそうです。

期間限定の企画展で発信

游心亭が金沢建築館の常設展示であるのに対して、展示期間限定の企画展での発信も行われています。２０１９年の開館以来初めて、「木の文化都市・金沢」を強く意識した企画展とフォーラムが、プロジェクト始動の2022年度、意欲的に開催されました。

企画展は「木で創る―その蓄積と展開―」と称して、6月25日から11月27日の約5カ月間、館内のメイン展示場で繰り広げられました。

この企画展では、一方の壁面側に伝統木造建築物、反対の壁面側に木を素材とする新木造建築物の、それぞれ構造模型や写真パネル及び説明板を置き、保存と創造を対照的に訴える展示が従来にない新鮮味がありました。もっとも、その対象は金沢に限らず、古都や首都圏、もっといえば広く国内から選定したものです。

「木の文化都市と言っても過去の遺産をどう評価しどう保存していくか。また、木という素材を使って現代の建築物にどう活かしているかを来場する皆さんに理解してもらおうと企画しました」

金沢の木造建築のルーツ

水野館長はこう話して、金沢の木造建築のルーツは何だと思いますかとニヤリ。「私はこれだと思うんです」と指さしたのは、金沢市西南部の新保本町、チカモリ遺跡から出土した「巨大木柱根」でした。鉄器のない縄文時代に直径80センチを超える栗の巨木を半分に割って加工した幅約75センチ、高さ約50センチの「柱根」です。発掘

「巨大木柱根」が出土したチカモリ遺跡＝金沢市新保本町

された柱根は環状に配された地中埋蔵部のみで、地上部は残っていません。しかし、考古学者らによると、これは祭祀《さいし》用に造られた地上3メートルほどのウッドサークルの遺跡の一部分とされてきました。

「金沢の木造建築のルーツはこれだと確信しています。縄文人のチカラを感じさせてくれる、私にとって対話相手なんですよ」

なるほど、柱根に施された直径10センチ弱の丸い二つの穴と縦横に走る溝が、さながら大きな立体人面を思わせ、対話相手との表現にうなずけなくもありません。水野

企画展で展示された立体人面を思わせる巨大木柱根
＝谷口吉郎・吉生記念金沢建築館

館長は、金沢に木の文化はかくも奥深いと指摘し、敢えて「木で建てる」コーナーのしょっぱなに巨大木柱根を配置したと意図を明かしました。

「木で建てる」の原点は縄文あるいは弥生期に地面に穴を掘り、一本の柱をまっすぐに立てた掘っ立て柱にあると提起。木柱に祈りの心を昇華させた点では、羽咋市滝谷の日蓮宗本山妙成寺の五重塔心《しん》柱《ばしら》＊にも相通じるものがあるとして、写真パネルが展示されました。

大型木造建築の模型も

「木を組む」コーナーでは、東京都東村山市の臨済宗正福寺の千体地蔵堂（室町時代）と、滋賀県大津市の天台寺門宗総本山光浄院客

日蓮宗本山妙成寺の五重塔
＝羽咋市滝谷町

＊五重塔心柱　心柱は地面や礎石に立てられ、最上階の屋根の頂部を抜けて、そこに青銅製の筒と相輪がはめられる。屋根を抜ける部分では、四角形の露盤にしっかり固定される。露盤は屋根に乗っているだけで接続はしていない。つまり心柱は、五重塔の建物とはこの露盤を介して触れているだけである。

「木で創る」をテーマに開かれたフォーラム＝谷口吉郎・吉生記念金沢建築館

殿（江戸時代）の各構造模型を東京国立博物館の協力を受けて展示、また、東大寺南大門（鎌倉時代）の模型を国立歴史民俗博物館の協力を得て展示しました。企画展実行委員の山崎幹泰金沢工大建築学部教授は「伽藍建築の本格的な構造模型となると、金沢など地元にはなくて、県外の博物館などに頼らざるを得ません。三つの大型木造建築の構造模型は精巧を究めた一級資料です」と太鼓判を押しました。

そして、「木を守る」コーナーには、地元唯一の構造模型で金沢職人大学校が協力した旧川縁《かわべり》米穀店の金澤町家情報館（江戸時代後期、茨木町）の模型が飾られました。

一方、「木で創る」でも「新木造の展開」では、現代から近未来にかけての最新の技術や事例が、構造模型や写真パネルで紹介されました。

全国に先駆けた木造ビル

なかでも、写真パネルながら注目されたのは金沢市広岡１丁目の木質ハイブリッド構造の５階建て「金沢エムビル」です。２０００（平成12）年の建築基準法改正＊を受け、全国に先駆けて２００５年に

＊建築基準法改正　２０００年の建築基準法改正により、従来、都市部で４階以上の建物が造れなかったのが可能になった。ただし、無条件で建てることができるのではなく、使う木材が火や揺れに耐えられることを示さなければならない。第１号に、これらの条件をクリアした金沢エムビルが認定された。

2～5階のサッシの向こうにV字形をしたハイブリッド材の筋交いが見える全国初の木造ビルの金沢エムビル＝金沢市広岡1丁目

竣工した「木造ビル」だからです。1階は鉄筋コンクリート造、2階から5階が木質ハイブリッド集成材の1時間耐火部材を用いて造られました。構造設計は東大生産技術研究所の腰原幹雄教授が行い、「木造ビル」の先進例として見学者が絶えません。

木質ハイブリッド集成材は、6・5センチ角の鉄骨の周りを木材でくるんで20センチ角の部材にしたもので、柱や梁《はり》に用いており、

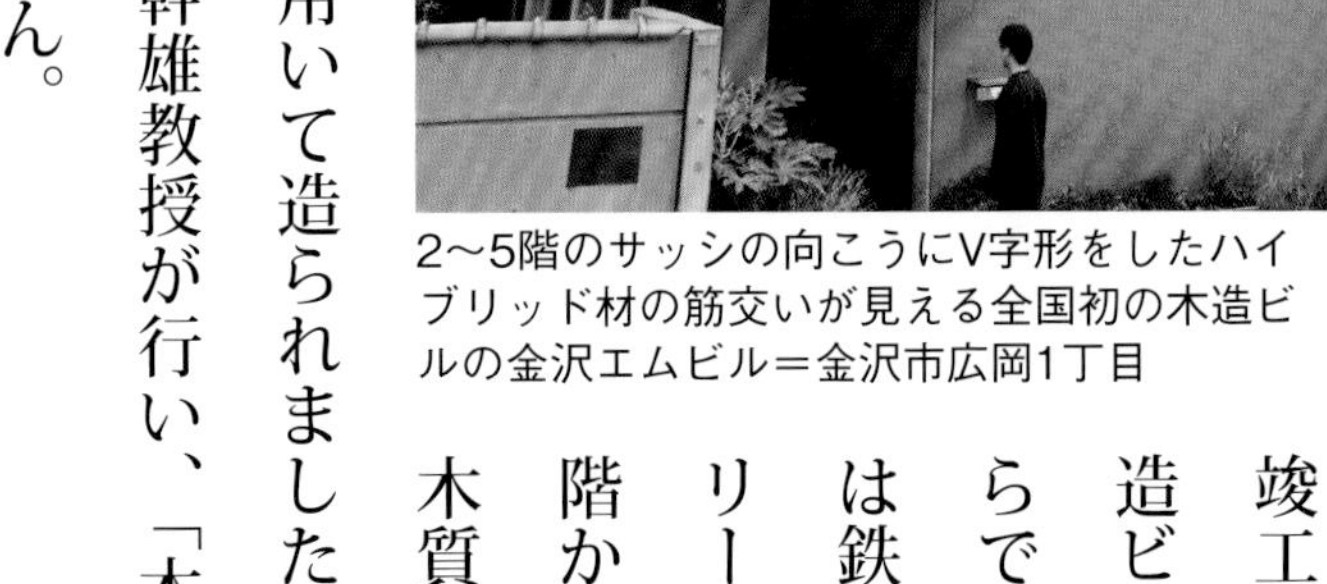

金沢エムビル内で美大受験のための実習に励む生徒＝金沢市広岡1丁目

構造実験、防耐火実験により安全性は証明済み。一見、「木造ビル」には見えません。現在、金沢美大を受験する人たちの予備校「ルネッサンス」が入居しています。

東山には木造のホテル

金沢エムビル竣工から20年近くになる２０２１年5月、３階建て木造ホテルが金沢市東山１丁目にオープンしました。重要伝統的建造物群保存地区(重伝建)の卯辰山麓地区に位置しその名も「ひがし茶屋街らしく金沢ＨＯＴＥＬ」。客室は15室で、外壁

木造3階建て「ひがし茶屋街らしく金沢HOTEL」＝金沢市東山1丁目

などに県産杉材を使い、コロナ禍を超えての観光客再来に期待を掛けています。

若松町には木造マンション

23年3月には、木造3階建てマンションが若松町3丁目に登場しました。三井ホームが建設する「モクシオン」ブランドのマンションで、北陸初の竣工です。モクシオンは同規模の鉄骨やコンクリートのマンションに比べ、「二酸化炭素排出量を40％以上削減する環境にやさしい建築物」です。木は成長の過程でCO_2を吸収し、木材として加工後も炭素を固定・貯蔵し続けます。国内最高の耐震性が認められた建物だけに与

木造マンション・モクシオンの内部＝金沢市若松町3丁目

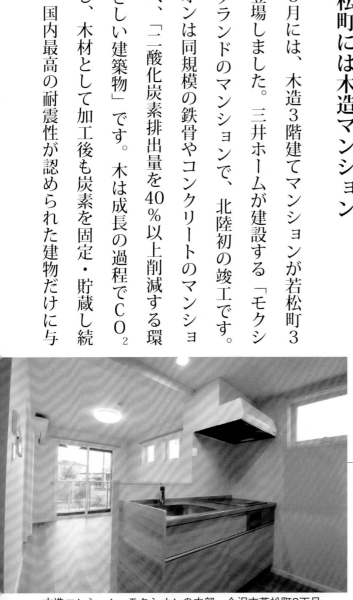

えられる耐震等級3を取得し、断熱性では省エネルギー対策等級4を取得。高性能遮音床システムや耐火構造を導入し、入居者の安全を確保するとともに、森の多い金沢に、木の特性を生かした快適な住空間を提供しています。

「新木造」はまだまだの感ですが、「木で創る」展に参画した金沢工大建築学部の宮下智裕教授は、「中心市街地で木造建築物が6割を占める金沢の木造文化に、新たな技術や木質材料による木造建築物が加わることで、金沢という都市の魅力はさらに増していく」と述べ、「新木造」が「木の文化都市」の近未来を開く旗手になろうと予測します。

水野一郎館長は「今後も随時、木の文化都市を促進する企画を考えて発信していきますよ」と意気込んでいます。

モクシオンの外観＝金沢市若松町3丁目

シンボルとなった鼓門

その水野館長が1994（平成6）年からJR金沢駅の駅東広場の基本計画策定に携わり、今や県都金沢の玄関口のシンボルになった木造建築が鼓門《つづみもん》です。積んでは崩す議論を経て成ったのは、加賀宝生の鼓をイメージした木組みの巨大シティゲートでした。「ガラスドームとセットにした風格ある門を目指しました」と振り返ります。

「結果として成功やった。まさに今でいう木の文化都市の玄関にふさわしい存在と

鼓門を背に記念写真に収まる観光客ら＝JR金沢駅兼六園口

なって世界中に発信しているわね」と語るのは山出保元市長です。

山出元市長によると、金沢駅東広場の基本計画で、「文殊《もんじゅ》の知恵」たる金沢の３学者に意見を求めたそうです。金大の小堀為雄、金沢工大の水野一郎、金沢美大の小松喨一《りょういち》の各教授とし、小堀氏は構造、水野氏は建築、小松氏はデザインの面から知恵を授けてくれました。そして、まとめ上げられたのが「鼓門」でした。

できた当初はボロクソ

「できた当初は、やれ異様だの、やれ不釣り合いだのとボロクソにいう声が相次いでね、いささか、落胆しましたわな」

しかし、しばらくすると、県外からのお客さんから評価する声が次第に高まったとします。２０１１年には、米国の旅行雑誌「トラベルアンドレジャー」から「世界で最も美しい駅」14の一つに選ばれました。しかも、国内では金沢駅のみです。「金沢人はどうも欧米の権威筋には弱いらしい。21美の設計者2人がプリツカー賞*をもらったのも同様。途端にいいがに言われだしたんや」と苦笑します。

スマートフォンのインスタグラムなどで画像は国内外に送信され、観光シーズンともなると、「インスタ映え」を狙う観光客でにぎわいます。

「面」で発信、東山ひがし

谷口吉郎・吉生記念金沢建築館にしろ、鼓門にしろ「木の文化都市・金沢」を発信する「点」であるのに対し、「面」として発信す

*プリツカー賞　建築会のノーベル賞といわれ、優れた建築家に毎年贈られる米国の権威ある賞。2010年、金沢21世紀美術館を設計した設計事務所SANAA（東京）の妹島和世氏と西沢立衛氏が受賞した。

るのが市内に４つある国の重要伝統的建造物群保存地区(重伝建)でしょう。

東山ひがし、主計町、卯辰山麓、寺町台の４つですが、中でも発信力が際立っているのが東山ひがしです。東山ひがしは、２００１(平成13)年に、県内に現在８つある重伝建のうち最も早く選定されました。藩政期末期に造成された茶屋街として、長らく独特の町並みを保ってきました。ところが、２０１５(平成27)年の北陸新幹線金沢開業以来、城下町金沢きっての観光地として大きく変貌を遂げました。

屋根が*切妻《きりつま》・平《ひら》入《いり》で、１階にべんがら色の*木虫籠《きむすこ》と呼ばれる格子がしつらえられているその構造と町並みはほとんど変わっていません。むしろ、昔からのたたずまいがより忠実に残されています。

＊切妻・平入　建築形式の一つ。切妻は、家の大棟《おおむね》から両側に葺《ふ》きおろす形の屋根で、妻(端)は山の形に切ったようになる。平入は、主入口が平《ひら》と呼ばれる大棟と平行な面についている。

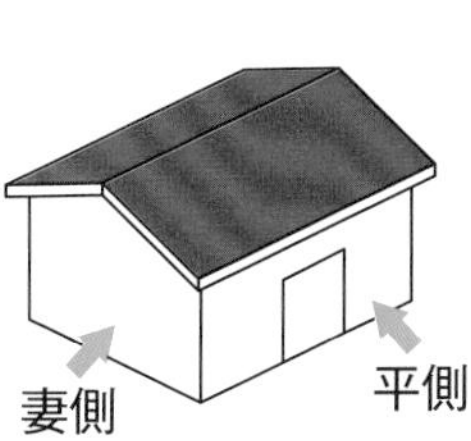

＊木虫籠　キムシコとも読み、金沢の町家の特徴である格子の割付《わりつけ》が細かい出格子を指す。べんがら(弁柄・紅殻)格子とも呼ばれる

「茶屋」は全体のたった3％

では、何が変わったのでしょうか。それは、ずばり用途です。ここに、金沢東山・ひがしの町並みと文化を守る会がまとめた2020年9月現在の、東山ひがしの各建造物の用途を示したマップがあります。約1・8ヘクタールの指定地区の建造物は144戸。約6割が伝統的な茶屋建築です。

これを見て驚くのは、いわゆる本来の茶屋はたった5軒ほど＝えんじ色、3％に過ぎません。一番多いのが飲食・物販店舗＝

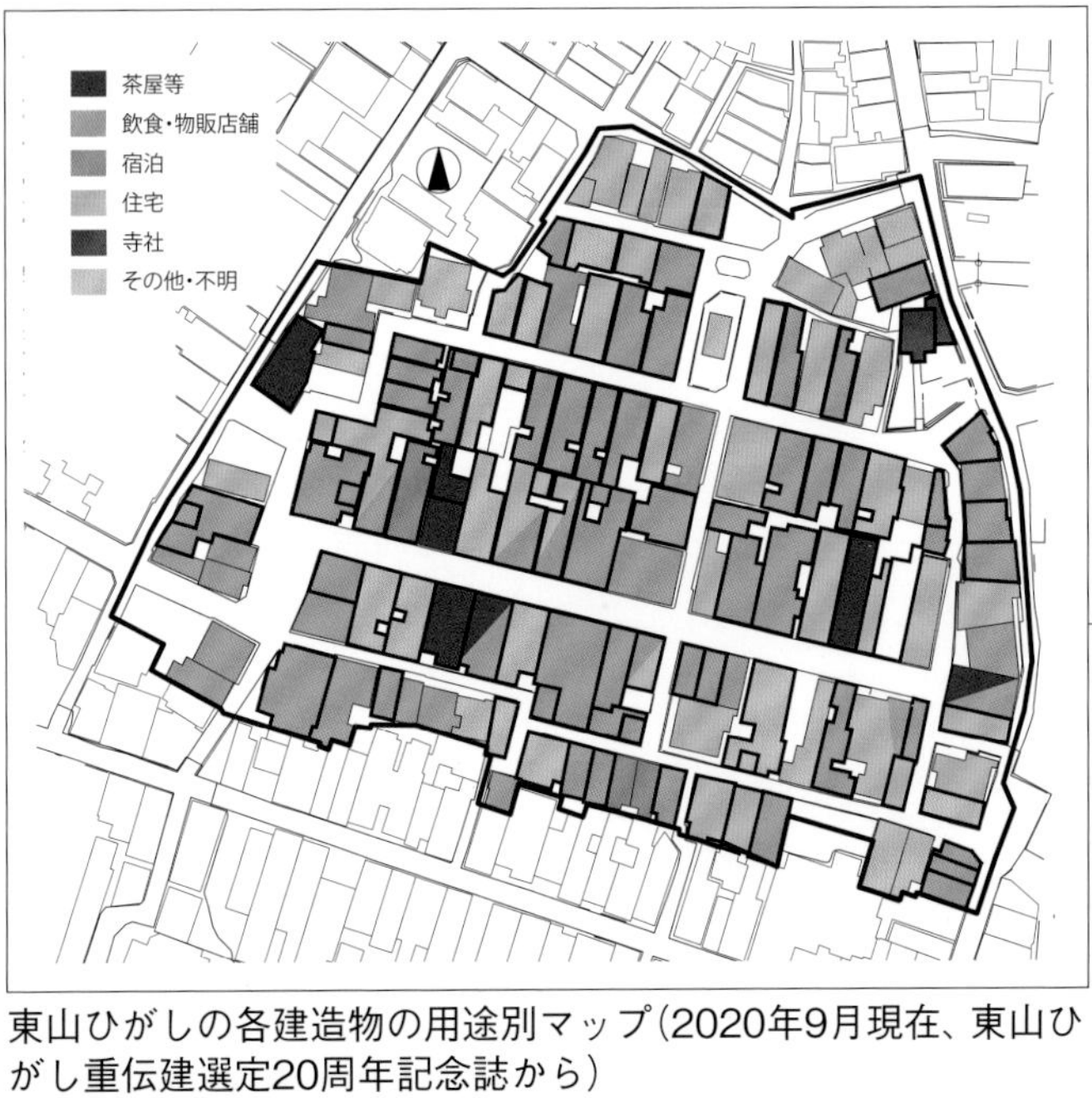

東山ひがしの各建造物の用途別マップ（2020年9月現在、東山ひがし重伝建選定20周年記念誌から）

黄緑色。次が住宅＝黄色、その他不明＝灰色。そして寺社＝紫色、宿泊＝水色、と続きます。

観光客でにぎわう東山ひがしのメインストリート＝金沢市東山

観光客目当て多種多彩

北陸新幹線金沢開業を機に、町並みには押し寄せる観光客を見込んだ飲食・物販店舗の開業が加速しました。飲食店といってもグルメ、喫茶、スイーツから割烹《かっぽう》、寿司、そばと多彩、物販店も金箔、九谷焼、加賀友禅など伝統工芸の土産を扱うなど色々です。
連休ともなると、旧愛宕《あたご》二番丁（東山１丁目）の目抜き通りなど道幅いっぱいに人、人、人…。粋筋の様相は一変しました。

地元の有志らが結束

酒林をぶらさげた「石川地酒専門銘店」

「加賀藩御用菓子司」の看板を掲げた老舗菓子店

「友禅ぎゃらりー」のサインのある店

漆器直売処

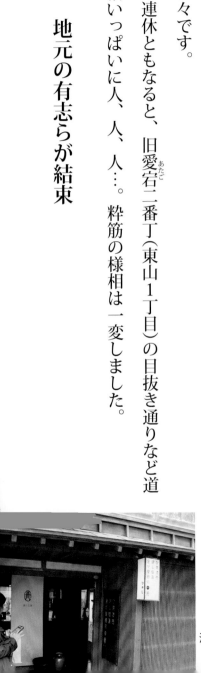

「最も金沢らしい木造の町並み」を維持管理してきた地元関係者の努力は並大抵ではありませんでした。この風情を愛するからこそ立ち上がったのは、地元の有志で組織する「金沢東山・ひがしの町並みと文化を守る会(守る会)」です。２００１(平成13)年11月の重伝建選定を前にした5月のことでした。２年後、守る会と町会の「東山親和会」、それに茶屋の「東料亭組合」の地元３者が、金沢市と「東山ひがし地区まちづくり協定」を締結しました。３者が市とともにスクラムを組んで、東山ひがしのあるべき姿やルールづくりを考え、そのルールを住民、出店者、さらには観光客らにも守ってもらう働きかけを行ってきたのです。

　国、県の支援を得て、条例に基づく市主導による重伝建地区内の建造物の修理修景は、11年度から徐々に進み、外観や軒の並びなど

醤油味噌会社の店

そば処

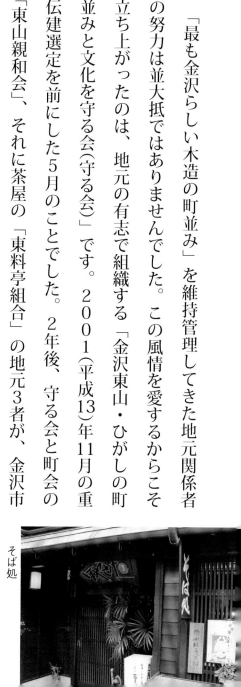

で統一性が図られ、見違えるように往時の茶屋街がよみがえりました。

木造建築の町並みだからこそ防災措置も欠かせません。消火器を全戸に設置したのをはじめ、地下に耐震型防火水槽(60トン)を持つ「ひがし防災広場」を整備し、自動火災警報システムで完璧を期しました。

マナー順守を盛り込んだ協定

北陸新幹線金沢開業の前年には、整った町並みでの大幅な業態転換、新規出店を見越し、屋外広告物の厳格規制、路上喫煙や呼び込み活動の禁止を盛り込んだ「まちづくり協定」の変更を締結。開業翌年には、コインパーキングやナイトクラブの出店禁止、歩きながらの飲食やごみのポイ捨て禁止などマナー順守を盛り込んだ協定変更を行いました。

風情を維持し品位を保つ

守る会発足から20年以上経った今、元会長だった父の志を継承する同会の中村大介理事が語ります。

「観光客が大勢来てくださる中で、町並みの風情を維持し品位を保つのは、なかなか大変です」

とはいえ、守る会と町会、料亭組合の三者が力を合わせていくしかありません。この地区の全戸数のうち実際住んでいるのは４分の１ほどとし、実際に住む人たちの意見を尊重したうえで、店舗と茶屋との共存、調和を図りつつ、近未来を見据えてまちのあり方を考

東山親和会集会所がある町家

えていきたいと腕を組みました。

「自制の論理」堅持を

重伝建選定に奔走した山出保元市長は、東山ひがしが存在感を増す一方で、留意しなければならないのは、「個々の建物が勝手に、ばらばらにデザインを競うのでなく、意匠をそろえることで町並み全体の価値が高まる」として、「人さえたくさん来ればいい、商売でもうかればいいというのでなく、『自制の論理』を堅持して発展を遂げるべきである」と警鐘を鳴らします。

新規物販店のない主計町

同じ重伝建でも、浅野川大橋を渡って浅野川の左岸に息づく主計《かずえ》町《まち》は、指定地区の面積が約０・６ヘクタール、対象建造物も30戸といずれも東山ひがしの３割ほど。もっとも、大勢の観光客が押し寄せるようなことがないのは、規模の小ささだけではなさそうです。

「主計町の物販店は古くからの菓子店１軒だけで、新規の土産物店はゼロです。そういう方針できました」

主計町の町会長とまちづくり協議会の会長を兼ねる柄《つか》﨑《さき》隆司さんは独自のまちづくりをこう力説します。

主計町は重伝建に選定される前、1999(平成11)年、全国で最初に旧町名を復活させたことで知られます。町名は加

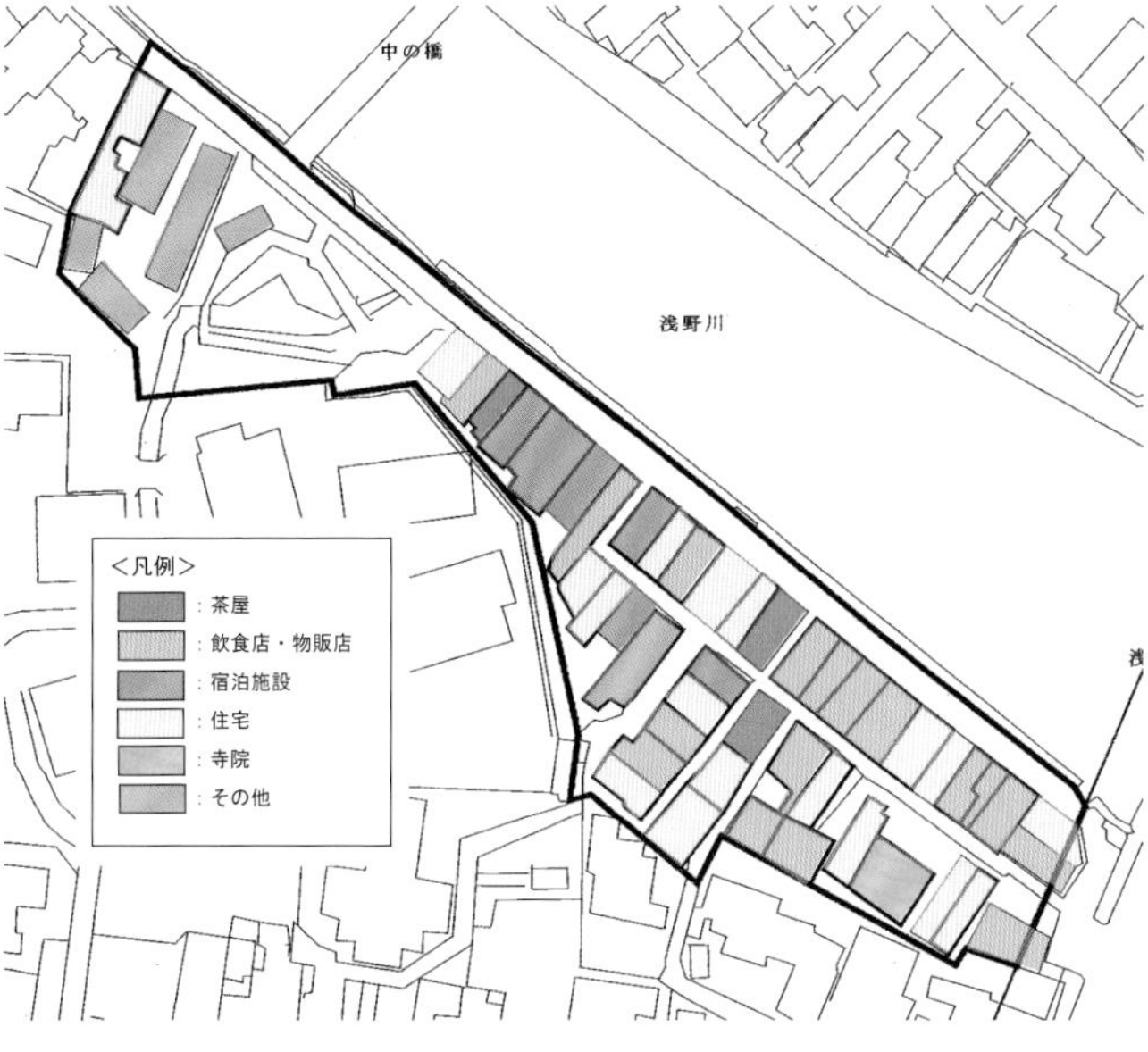

主計町の各建造物の用途別マップ
（2019年10月発行の「金沢市主計町重伝建10周年記念誌」から）

賀藩士富田主計の屋敷地であったとの伝聞に由来し、金沢三茶屋街の一つとして、独特の景観を保ってきました。藩政期からの、間口の狭い出格子の1階に2階ないしは3階の、背の高い茶屋建築を中心にした町並みが２００８(平成20)年に重伝建に選定されました。

これに先立つ06年4月、「金沢市における市民参画によるまちづくりの推進に関する条例」に基づき、主計町町会、主計町料亭組合と金沢市が「主計町地区まちづくり協定」、7月には「主計町地区歩けるまちづくり協定」を締結、一貫した修景維持に地元ぐるみで乗り出しました。北陸新幹線金沢開業を翌年に控えた14年には「主計町まちづくり協議会」が発足。17年に改定した市とのまちづくり協定の中に「建築物の居住部分を除く主な用途が物品販売業を営む店舗であるものは建築してはならない」との文言が付け加えられました。

土産店こそありませんが、主計町で今、課題になっているのは旅館の新規開業です。いわゆる民泊の進出は認めず、法規に適った旅館で現在4軒あるのが近く6軒まで増えます。しかし、それまで。全戸数の2割までとまちづくり協議会で決議しました。ちなみにここでも、本来の茶屋を営む建物は今4軒です。

「女川」浅野川に沿って木造りの家々が並ぶ
＝金沢市主計町

主計町の裏通りは数人が行き交えるほど

無電柱化され、伝統ある木造の町並みが実現した重伝建の両茶屋街にとって、持続性ある発展は、守る側の住民、新規出店者の修景維持への努力と、訪問者、観光客のマナー順守にかかっています。

にし茶屋街でも町並み守る

重伝建ではありませんが、金沢三茶屋街の残る一つのにし茶屋街でも、独特の町並みを守っていこうとする志向は同様です。近年、廃業したお茶屋の建物に外観をそのまま残しながら、和菓子の老舗やスイーツの専門店などが進出。芸妓の所属するお茶屋と共存し、花街の風情を残していこうとしています。

落ち着いた花街の風情のにし茶屋街
＝金沢市野町２丁目

第３章

城下町に伝わる「木の文化」

町家発のアニメに栄誉

木の文化都市づくりで今に残る6千余棟の町家は、近未来に向けての推進資産です。2023（令和5）年2月末、町家の再生にとって朗報が舞い込みました。

金沢市尾張町2丁目の町家に設けたアニメ制作スタジオのトンコハウスから発信した長編アニメ「ONI《おに》～神々山《かみがみやま》のおなり」が米アニー賞2冠を獲得したのです。かつて料理屋だった金澤町家の2階を改造し、電子機器を並べた空間で練った構想と作画が評価されました。

1階はケーキ店、2階はアニメ制作スタジオとして再生した金澤町家
＝金沢市尾張町2丁目

一部に料理屋の雰囲気を残して改造され電子機器が並ぶトンコハウスのアニメ制作スタジオ

トンコハウス・ジャパンで堤大介監督とともに共同代表を務める宮田人司さんは「金沢ならではの伝統ある町家から最先端のデジタル技術でアニメを制作発信し、世界でも権威ある賞をいただいた。本当にうれしい」と喜びます。東京から13年前に金沢に転居して仕事に励む宮田さんは今後も町家発のアニメ制作に取り組み、「次世代に誇れる作品を残したい」と抱負を語りました。

金石の町並み、地域のお宝に

金沢中心部の町家の再生が脚光を浴びて日を置かず、今度は、金沢の海の玄関口に近い金石の町家が残る町並みが、市の「地域のお宝」に認定される見通しとなりました。

「地域のお宝」は、地域に受け継がれている行事や風習、食などの身近な歴史文化遺産を市が認定する、2022年度から始まった制度です。今回、認定を受けるのは「金石地区の北前船寄港地・船主集落に関わる町並み」など9件で、市文化財保護審議会が認定を了承しました。

金石の町並みには、市文化財や保存建造物の町家などが多数あり、地元のボランティアガイド「みやのこしこまち*」

金石の町の入り口にある
典型的な金石の町家

金石の目抜き通りの両側に並ぶ町家＝金沢市金石西２丁目

がツアーを実施している点が評価されました。みやのこしこまち事務局の鶴山潔子さんは、「風情ある町並みが評価されて有難い。今後、一層活動に力を入れたい」と話しています。

このように「地域のお宝」には、地域の人たちが、自らの手で末長く受け継いでいこうとする活動があることが必要です。これも町家が今後残っていくあり方を問いかけていきます。

＊みやのこしこまち　みやのこしは宮腰の字をあて、金石の旧地名。金石をアピールする婦人たちのボランティアガイドが「みやのこしこまち」で様々なイベントに取り組んでいる。

金澤町家は景観の支え

町家についてみていきましょう。金沢市は1968（昭和43）年、全国に先駆けて「伝統環境保存条例」（伝環条例）を施行し、歴史薫る城下町の景観保全に努めてきました。木の温もりを感じさせる町家は、そんな金沢が誇る景観の支えとなってきました。

今や金沢きっての観光名所となったひがし茶屋街、古い寺社建築が集積する卯辰山麓といった重伝建（重要伝統的建造物群保存地区）だけではありません。金沢市では、伝統的な木造建築物、昔ながらの町並みが見られる地域のことを「ちょっとした良い町並み」＝「こまちなみ」と名付けて保存するのに加え、1950（昭和25）年の建築基準法施行以前に建てられた木造建築物（寺社や教会、それらに類するものを除く）を、「金澤町家」として残していく取り組みが展開されてきました。

１９９４（平成６）年４月に保存条例が制定された「こまちなみ」は現在、里見町《さとみちょう》、旧新町《しんちょう》、大野町、水溜町《みずためまち》、旧天神町、旧御歩町《おかちまち》、旧蛤坂町《はまぐりざかまち》、旧彦三一番丁・母衣町《ほろまち》、金石《かないわ》の９区域が指定されています。金澤町家が立ち並ぶ各区域では、建物の高さや色調に基準が設けられており、例えば大野町や金石では「できる限り勾配《こうばい》屋根を取り入れ、色彩は黒系を基調とする」「屋上広告

「こまちなみ」第1号に指定された金沢市里見町の町並み

「こまちなみ」の各区域の町並み

旧新町（復活した下新町、尾張町2丁目）

大野町

水溜町

旧天神町（天神町1・2丁目、扇町の一部）

旧御歩町（東山1丁目）

旧蛤坂町（野町1丁目）

旧彦三一番丁・母衣町
（彦三町1丁目、尾張町2丁目）

金石

は設置しない」といったルールがあります。

同区域は日本遺産「荒波を越えた男たちの夢が紡《つむ》いだ異空間～北《きた》前《まえ》船《ぶね》寄港地・船主集落～」にも認定されています。２０２２年（令和４）11月には国民文化祭（いしかわ百万石文化祭２０２３）に向けたモニターツアーが開かれ、参加者らは古い木造建築が醸し出す街の情趣を感じ取りました。このように「こまちなみ」や金澤町家は、金沢の文化を今に伝え、肌で感じるための大切な存在として活用されています。

「金澤町家」に３つのタイプ

「こまちなみ」などに見られる金澤町家とはそもそも、どんな建物なのでしょうか。

かつて商家であった町家を再生した「ひがし茶屋休憩館」
＝金沢市観音町

「町家」と名前がついてはいますが、金澤町家はいわゆる町人の住んでいた家だけを指すのではありません。大きく分けて、3つのタイプがあります。

1つ目は、藩政期に商人や職人が住んでいたまちなかの住宅の形式です。通りに面し、隣り合う家が軒を接して建てられているのが特徴です。表から裏に通じる土間のままの通路「通り庭」があり、通り庭に沿って部屋が並びます。最も表側には商売をするための「店の間」、奥には接客空間の「座敷」が設けられました。

金澤町家の商家はウナギの寝床のように奥へ細長い

この間取りは全国各地の町家で見られますが、金沢では店の間の後ろにある茶の間を吹き抜けにする家が多いとされます。隣家と壁を接する町家では側面に窓が無いため、この吹き抜けに高窓や天窓を設けて採光します。座敷の外側には中庭があり、ここからも外光が入るようになっていました。

２つ目のタイプが、武士の住まいの様式を継承する武士系住宅です。藩政期の金沢は、城下町の約６割を武士居住地が占めていました。武家屋敷は２００〜３

広い敷地に主屋や土蔵、土塀を有する武士系住宅の町家＝金沢市広坂1丁目

００坪程度のものを中心に広い敷地を持ち、門を構えて土塀で囲いを作りました。長町武家屋敷跡では毎年12月、土塀を雪から守るた

多大な農地を所有していた佐野家が大正5年に建築した町家。金沢学生のまち市民交流館として再生＝金沢市片町2丁目

オブラートや「花はじき」を発明した藤本吉二が住んだ近代和風住宅＝金沢市東山3丁目

めの薦《こも》掛けが行われ、風物詩となっています。

庭を持つ家が多く、実をつける「なりもの」の樹木が植えられていました。梁《はり》組みで飾った屋根の妻を表に向けていたのも特徴です。また、同じ武士系でも、足軽屋敷は50坪程度の広さで、土塀の代わりに生け垣を設けました。

３つ目は近代和風住宅です。明治維新後の近代化の影響を受けながら、伝統的建築様式、技法、材料で建てられたものを指しており、前述の町家あるいは武士系住宅の流れをくんでいます。

明治以降、広大な武家屋敷は武家の没落とともにリンゴ畑や小規模な宅地に変わる一方、コンパクトで合理的な足軽屋敷の形式が勤労者層に広まっていきました。町家型の住宅も受け継がれ、明治期は２階が低い「低町家」、大正期や昭和戦前期はそれより２階が高い「中町家」「高町家」が建てられました。現在、市内に現存する金澤町家は多くがこれらの近代和風住宅です。

雪国の気候に対応

湿度が高い金沢の気候に合うよう、金澤町家にはさまざまな工夫がなされています。

まず、通風です。「金澤町家　魅力と活用法」（金澤町家研究会編）によると、金澤町家は建具を素通

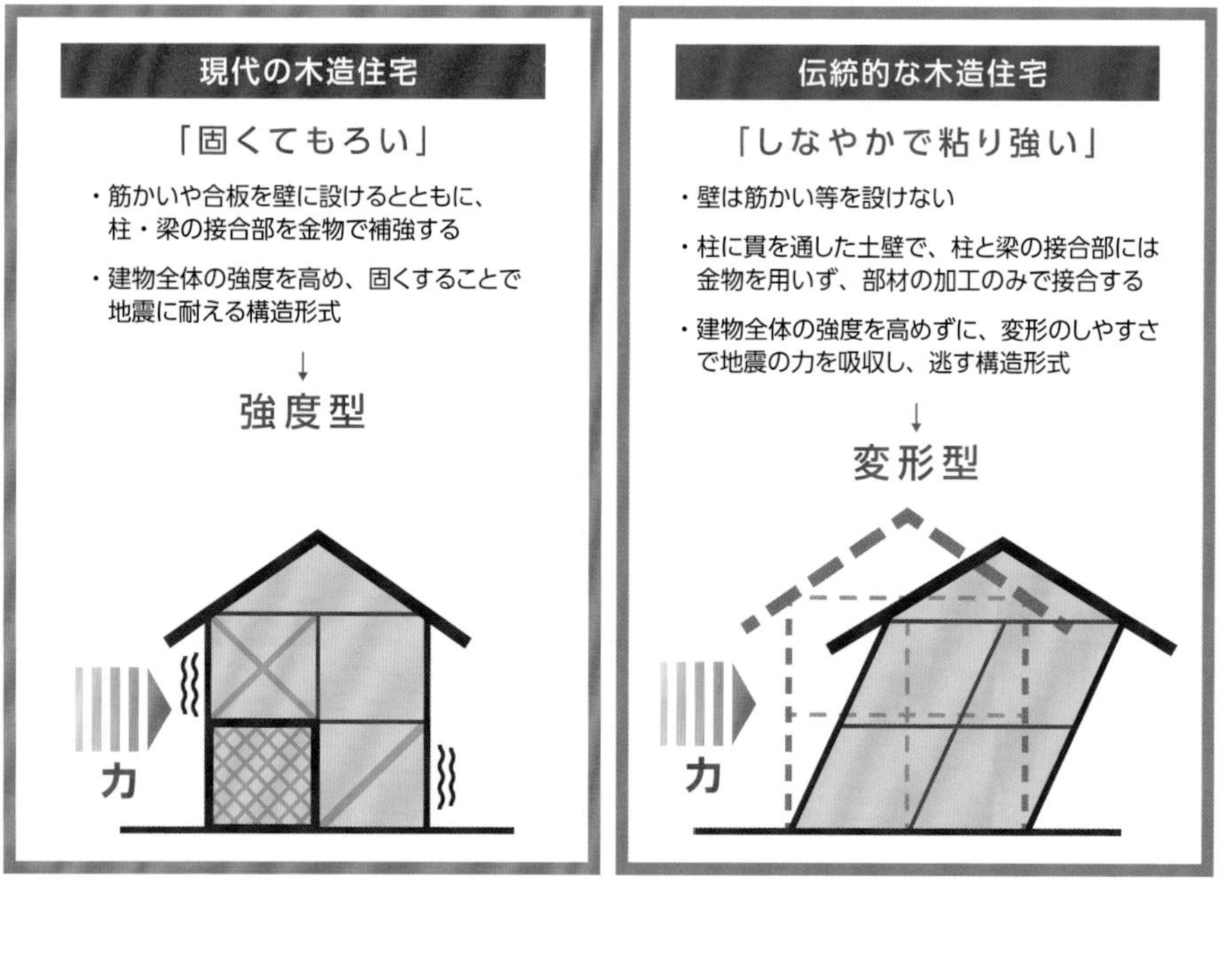
現代の木造住宅
「固くてもろい」
・筋かいや合板を壁に設けるとともに、柱・梁の接合部を金物で補強する
・建物全体の強度を高め、固くすることで地震に耐える構造形式
↓
強度型
力
伝統的な木造住宅
「しなやかで粘り強い」
・壁は筋かい等を設けない
・柱に貫を通した土壁で、柱と梁の接合部には金物を用いず、部材の加工のみで接合する
・建物全体の強度を高めずに、変形のしやすさで地震の力を吸収し、逃す構造形式
↓
変形型
力

しのものに取り替えることで、中庭から吹き抜けへと空気の通り道がつくられます。夏は熱い空気が吹き抜けの上部へ移り、中庭や通り庭から涼しい風が入って過ごしやすくなるのです。土壁や土間には蓄冷効果があります。

雪国であることから、冬季の暮らしへの意識も見られます。金澤町家は軒や庇《ひさし》が深いのが特徴で、さらに屋根には雪止めを設け、落雪の危険から建物や家人を守りました。

木を巧みに組み合わせて建てられている伝統的な建築物は、現代のものとは質の異なる耐震性も備えます。柱と梁の接合部に金具を用いず、加工した部材を組むことで「変形しやすい」造りとし、揺れを吸収します。固い構造の現代の木造住宅と比べて、しなやかさは優っていると言えるでしょう。

バラバラになっていく町並み

こうした伝統的な様式の木造住宅は、昭和の戦前まで金沢で多く受け継がれていました。それだけでなく、旧町人地には町家、旧武士地には足軽屋敷の影響を受けた和風住宅を建てるなど、藩政期からの規範がしっかり守られていました。昭和30年代までは、こうした建築が立ち並ぶ町並みがそこかしこに見られたのです。

しかし、高度経済成長期を迎えて次々と家が建て替えられるとともに、金澤町家は次第に姿を消していきます。

まず、建築基準法の適用により、外壁や防火窓の性能を高くする必要が生じ、表構えに格子《こうし》などを使わないようになりました。また、機能面や設備面が重視され、町家以外の住宅様式が市街地に、徐々に入り込んで来ました。町の共同体への意識が薄れるとともに、従来の町の規範通りに家を建てる人は少なくなり、結果として様式も表構えも異なるバラバラな家々が建ち並ぶことになったのです。

失われ続ける金澤町家

現在も、古い町並みは失われ続けています。

「金澤町家保全活用推進区域」に指定されている中心市街区域、金石・大野区域、旧北國街道森本・花園区域、二俣・田島区域、湯涌温泉街区域では、２０２２(令和４)年時点の調査で５８００軒の金澤町家が確認されました。最も数の多い中心市街区域は、２０１７(平成29)年度の調査と比較すると４３５軒少ない５３１５軒。１年あたり１００軒ほどが、取り壊されるなどして消えています。

貴重な文化遺産であり、現代建築にない情趣を持つ金澤町家です

が、改修やリフォームにかかるコストは少なくありません。住宅では水回りなどの改修が必須であり、店舗や宿泊施設への改修では、1千万円以上の費用が必要とも言われます。また、所有者が亡

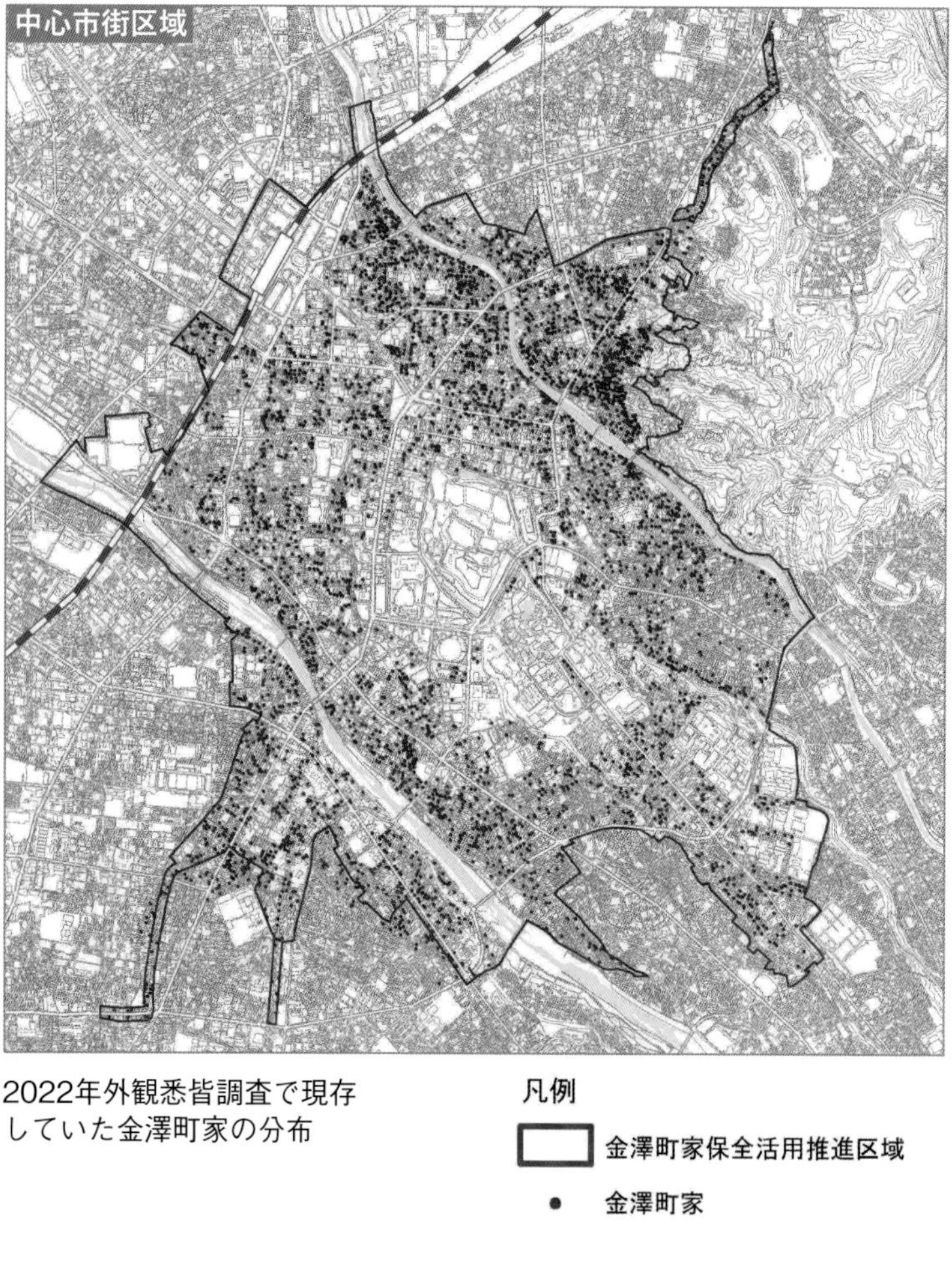

2022年外観悉皆調査で現存していた金澤町家の分布

凡例

金澤町家保全活用推進区域

金澤町家

「特定金沢町家」の登録証プレート

くなり別の場所に住む親族が相続したものの、持て余しがちな場合も多く、やむを得ず解体して駐車場にしてしまうなどの事例が見受けられます。

減少に歯止めかける

減少に歯止めをかけるため、市は２０１９(令和元)年度から、保全活用推進区域内の金澤町家を解体、大規模改修する際、その行為の90日前までに市に届け出るよう呼びかけ始めました。建物を維持するための補助制度や流通支援制度を所有者に紹介し、解体を考え直してもらおうとの狙いです。特に保全や活用の必要がある建物は「特定金澤町家」への登録を誘導しています。

「特定金沢町家」に登録された町家
＝金沢市笠市町

職住一体の町家が健在

減り続ける町家にあって、「木の文化都市・金沢」の象徴的存在は職住一体あるいは生業《なりわい》を続ける老舗だと力説するのは、谷口吉郎・吉生記念金沢建築館の水野一郎館長です。「市内に数軒しかないけど藩政期あるいは明治から、町家で暖簾《のれん》を守り続けてきたのは、すごいこと」。とはいえ水野館長は、町家という木の文化を慈しみながら、手作りの品を商い続けてきた担い手がいたからこそで、この先いつまで続くかは当の商家次第とします。

藩政期から麹食品を製造販売する高木麹商店＝東山1丁目

町家で生業を営み続ける金沢の主な老舗

藩政期から続く酒蔵「やちや酒造」＝大樋町

藩政期から続くあめの俵屋＝小橋町

明治から続く米穀商「経田屋」＝観音町

明治から続く福嶋三絃店＝観音町

藩政期からの染元平木屋＝片町2丁目

藩政期から続く平木屋旗店＝菊川1丁目

藩政期からの立野畳店＝大工町

藩政期から味噌醤油を商う中初商店
＝野町1丁目

東山1丁目で天保年間から190年以上、麹《こうじ》食品を商い続ける高木麹商店の家人が言います。「長いこと、お得意さんがいらっしゃったからこそや」。昔ながらに店頭に味噌や甘酒、塩麹などの商品を並べる販売法はまったく変わりません。そんな中で「続けるだけ続けていくわいね」と寂しく笑います。市内にはこのほか、大樋町で酒造業を営むやちや酒造、小橋町であめを商う俵屋、観音町では米穀商の経田屋、三味線を商う福嶋三絃店、片町2丁目で染物店を営む染元平木屋、菊川1丁目の平木屋旗店、大工町で畳を製造販売する立野畳店、野町1丁目で味噌醤油を商う中初商店などが孤塁を守って健在です。ただ当主には高齢者も交じり事業承継が課題です。

水野館長は「町家老舗の存在をもっともっと市民に知ってもらい、地域で支えていくのが金沢らしい木の文化」と呼びかけます。

まちの個性を体現

もっとも、住宅も街の景色も、時代とともに移り変わるのはむしろ自然の成り行きといえます。それでも金澤町家のある景観を守ることには、どんな意義があるのでしょうか。

石川県内の町家に詳しい金沢学院大の馬場先恵子教授は、戦後と高度経済成長期を経て求められるようになった「個性あるまちづくり」との関連性を指摘します。

先に見た通り、戦後は建築基準法の適用などにより住宅が次々と建て替えられ、古い建物が減少していきました。住宅は工場生産による大量供給型となり、結果として全国どの地域にも同じような家が建ち並ぶようになりました。そうしてまちの姿が画一化されたことで、平成に入ると今度は逆に、地域の個性を打ち出したまちづくりが全国各地で始まります。大きな戦災や震災に遭わず、城下町の構造が残る金沢にとっては、その個性は「古き良き町並み」でした。

馬場先教授は「金沢は藩政期を経て、近代に入り旧陸軍の司令部が置かれたり、学都として教育の拠点になったりと、歴史に重みのある都市です。また、まちづくりや景観に対する市民の意識も強い。そうした土壌があってこそ、金澤町家を守る気運が生まれたのだと思う」と話します。少子高齢化が進む現代では、地域の活力を保つため、全国の各都市が魅力づくりとPRにしのぎを削っています。観光地として、また移住先などとして、人を金沢に呼び込むには、金沢という土地に積み重ねられた歴史や文化を生かすことこそ、近道になると強調します。

軒の連なりに市が補助

金澤町家の保存や利活用に対しては、さまざまな補助制度があります。再生活用事業として市が補助するのは、外壁や屋根の修復、内装の改修、設備機器や防災構造の整備など。「こまちなみ」の区域では、外壁や軒の位置を周囲とそろえるための支援が受けられる制度が、２０２１（令和３）年度から新たに設けられました。

この補助を受けるには、保存区域内の住民組織が景観保全に関する計画を策定し、住民間で計画の実現に向けた協定を結ぶ必要があります。同年９月、大野町こまちなみ保存区域（８・３ヘクタール）のうち約１・９ヘクタールがその第１号に認定されました。大野町

金澤町家の軒が
連なる街並み
＝大野町４丁目

の区域では、これに先だって補助制度を試行するモデル事業が行われ、新たな改修や新築につながっています。

利活用進むもコロナで打撃

近年、特に2015（平成27）年の北陸新幹線金沢開業の前後は、金沢らしい風情のある物件として、金澤町家が飲食店やゲストハウスに改修される事例が増加しています。市中心部では築100年を超える金澤町家が、しゃれたカフェやギャラリーに生まれ変わり、若い観光客らの人気を集めています。

金澤町家の売買・賃貸情報をインターネットで紹介する市の「金澤町家情報バンク」

古い木造住宅でも、改修により最新のＩＨコンロなどを備えて快適に暮らすことができる
＝金沢市内

は２００５(平成17)年にスタートし、２０２３(令和5)年1月16日時点で２２６件の成約に結びついています。金澤町家の活用は、城下町の風景を保つのもさることながら、まちのにぎわい創出にもつながっているのです。

ただ、２０２０(令和2)年から石川県内でも流行が拡大した新型コロナウイルス蔓延《まんえん》下では、苦境に追い込まれた事業者も少なくありませんでした。使う人がいなくなれば建物は朽ち、壊されてしまう可能性が出てきます。同年は、金澤町家で店舗を営む事業者に対し、経営継続や新規開業を後押しする補助金制度が設けられました。

欠かせない職人技

金澤町家の活用事例を見てみましょう。２０１６(平成28)年にオープンした茨木町の「金澤町家情報館」は、藩政期に建てられた市指定保存建造物「旧川《かわ》縁《べり》米穀店」を大きく改修して整備されました。

2階建ての旧川縁米穀店は、屋根の上にガラス天窓を配した小さな屋根が載る越屋根が特徴的で、現代のシャッターに当たる「蔀《しとみ》戸《ど》」（上下に動かす板戸）が現存する貴重な建物です。オープン前の工事中には、金澤町家への関心を高めようと見学会が開かれ、伝統的な技で修復されていく様子に市民らが見入りました。工事の様子は、金澤町家情報館内の展示コーナーやホームページで動画として

伝統的な建築の技を学ぶ金沢職人大学校の研修生＝金沢湯涌江戸村

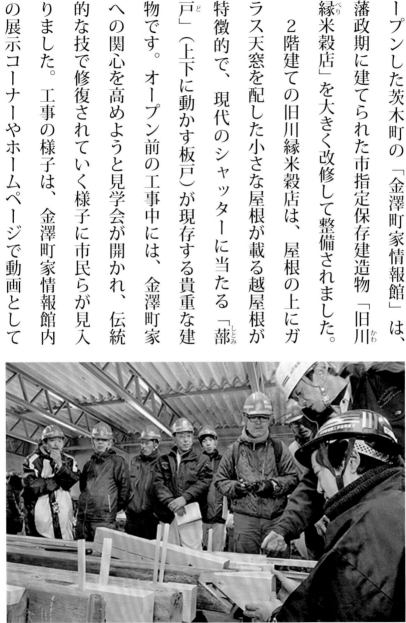

公開されています。

このような建物の修復に欠かせないのが、職人たちです。動画には、工事に携わった職人たちの手際の良い作業風景が収められています。腐食した柱に新しい木材を接ぎ、土壁を塗り直し、瓦をふき、庭を造る。現代では用いられることが減った匠《たくみ》の技を継承していくのも、木造建築が建ち並ぶ景観を保つには必要です。

金沢市では１９９６（平成８）年に金沢職人大学校が開設され、石工《いしく》、瓦、左官、造園、大工、畳、建具、板金《ばんきん》、表具の９科がある本

見学会が開催された金澤町家情報館の改修工事現場＝金沢市茨木町

科、本科修了生や設計士、自治体職員らを対象とした修復専攻科でそれぞれ3年間技術を学びます。2022(令和4)年度までに本科378人、修復専攻科282人が修了し、市内の寺社建築の修復や、金沢城の鼠多門・橋といった復元工事でも大いに活躍しました。

まちなかで暮らす良さ

現存する金澤町家は、大半が金沢市中心部に集まっています。これからの時代、金澤町家を残していくためには、ドーナツ化現象で人口が減少している「まちなか」での暮らしを魅力に思う人を増やすのが大切です。

中心部は建物の密度が高く、道が狭いため、車を使う人にとって

金沢職人大学校＝大和町

は必ずしも快適とは言えません。軒を連ねることを特徴とする金澤町家は、駐車スペースを確保するのが難しい場合もあります。買い物や移動に自家用車を利用する人が多い現代では、まちなかにある金澤町家はどうしても不便に映ります。

しかし一方で、市が公共交通機関の利用を促すイベント「カーフリーデー」を毎年実施しているように、昨今は車を使わない生活スタイルが見直されています。馬場先教授は「これからは車を必要としない時代が来るかもしれません。今は過渡期だと思います。都市のあり方が変わり、まちなかに住む良さを知る人が増えれば、住まいとして金澤町家が選ばれることが多くなるはず」と近未来の暮らしへ期待を込めます。

金澤町家の特徴やその価値が、まだまだ知られていないのも事実です。木造建築の良さや、現代の住宅として十分に改修できる点など、一人一人が金澤町家への理解を深めることで、行政や企業、市民が一体となった保全が可能になります。木の文化を見つめ直すならば、金澤町家について私たちはもっと学ぶ必要がありそうです。

蒔絵《まきえ》美しい木の工芸

昔は、住宅はもちろん、その中での暮らしで使う道具も木で作られていました。兼六町のいしかわ生活工芸ミュージアム（県立伝統産業工芸館）には、木の文化を彩るさまざまな工芸品が並んでいます。

中でも目を引くのは、きらびやかな金沢仏壇と金沢漆器です。金沢仏壇は蒔絵《まきえ》や螺鈿《らでん》、手彫りの金具などの加飾、金箔を多用しているのが特徴で、木地にはヒバやイチョウなど耐久性のある木材が用いられています。金沢漆器は調度品や茶道具として作られることが多く、ケヤキやトチ、サクラなどでつくる木地部分は、主に加賀市(旧山中町)などで生産されていました。この二つは国指定の伝統工芸品となっています。

仏壇や漆器が美しい漆塗りで木目が見えないのと対照的に、木材の温かみが感じられるのが桐《きり》工芸です。金沢の桐工芸の発祥は室町時代からとも、江戸時代からとも言われます。桐は軽く割れにくいほかに耐火性があることから、たんすや桐火鉢といった道具が作られました。明治20年代には桐火鉢に蒔絵を施す技法が創案され、華

華やかな蒔絵が
美しい金沢仏壇

やかさも加わりました。

生活に密着した素材

金沢では江戸時代以降、木を原料とする紙すきが盛んになりました。山間部にある二俣地区では、献上紙すき場として加賀藩の庇護《ひご》の下《もと》、高級な公用紙が生産されました。コウゾの木の繊維をトロロアオイと混ぜる製法で、現在は箔打ち紙や工芸、表具用のものが作られています。変色しにくく、着物の帯や文化財の修復にも用います。

三弦（三味線）や琴といった楽器も、木材の工

軽くて割れにくい桐からはさまざまな道具が作られた

芸品と言えるでしょう。特に三弦はひがし・にし・主計町《かずえまち》の花街《かがい》を中心に、芸能遊芸に欠かせないものとして使われていました。棹《さお》の最高級品はインド産の紅木、次いで紫檀《したん》や果林となります。琴は武家の女性にたしなみとして教えられた楽器で、部分的に蒔絵《まきえ》や螺鈿《らでん》が施されたものが見られます。

ほかにも、日常生活から高級調度品にまで広く取り入れられてきた竹細工、漆塗りで頑丈かつ装飾性を備えた加賀竿《さお》、華やかな和傘など、人々は身近な木という素材からさまざまなものを生み出し、その暮らしを豊かにしてきました。

現代に合った特性

金沢のガイド本「乙女の金沢」プロデューサーで、地元の工芸品の販売イベントを手がける岩本歩弓さんは、木の工芸品の魅力を「現代の暮らしでも使い込んでいく楽しみがある。大事にすると、応えてくれる」と語ります。

職人や作家が一つ一つ手作りする物は、使い込むほどに味わいが増し、さらに壊れた箇所を直しながら長く使うことができます。また、作った人の顔が見えることで愛着もわくでしょう。「持続可能」が叫ばれる現代に合った特性を備えているのです。岩本さんは「地元で作られた物を大事にすると、まちへの誇りにもつながると思います」と指摘します。

このように私たちの生活のそこかしこに「木の文化」は息づいています。それではそんな木は、そもそもどこから来るのか。木を供給する金沢の森林に、目を向けてみましょう。

第4章

木のふるさとを守り育てる

木の地産地消

「本日の目玉です！」。青空の下、競り人が声高らかに示した先に、巨木の一部が堂々と並びます。2023（令和5）年1月11日、金沢市湊1丁目の金沢木材共販所で開かれた石川県森林組合連合会の初市では、目玉となった樹齢700年以上の大ケヤキを始め、石川県産のスギやヒノキ、能登ヒバなど2400本が競りに掛けられました。大ケヤキは七尾市天然記念物で、元々は長さ約23メートル、幹回り約7・5

県森林組合連合会の初市で競りに並んだ樹齢700年以上の大ケヤキ
＝金沢市湊1丁目

メートルの「巨樹」だったそうです。

北陸三県のほか岐阜の製材業者などが出席したこの初市では、平均単価は１立方メートル当たり１万４千円。総売り上げは１３５０万円でした。２０２１年から世界的な木材不足「ウッドショック」が広がり、さらにウクライナ情勢もあって価格が高騰していましたが、２０２３年の初市ではようやく平年並みに落ち着きました。

この共販所では月に１度、こうや

石川県産のスギなどが並んだ県森林組合連合会の初市＝金沢市湊1丁目

って競りが行われています。新型コロナ禍で、密を避けて楽しめるとしてアウトドア熱が高まったことなどから、キャンプで使う薪用の木材が人気とか。「木の文化都市」は単に木材を生かすというだけでなく、地元で切り出した金沢産材を地元で使うという、「木の地産地消」が大切なポイントです。

市域の6割を占める森林

石川県のほぼ中央に位置する金沢市は、２０２２（令和4）年4月時点で、市域4万６８８１ヘクタールの約60％に当たる2万８１０８ヘクタールを森林が占めています。このうち、およそ77％が民有林、さらにその中で木材の供給源となる人工林は約25％、天然林は約67％です。

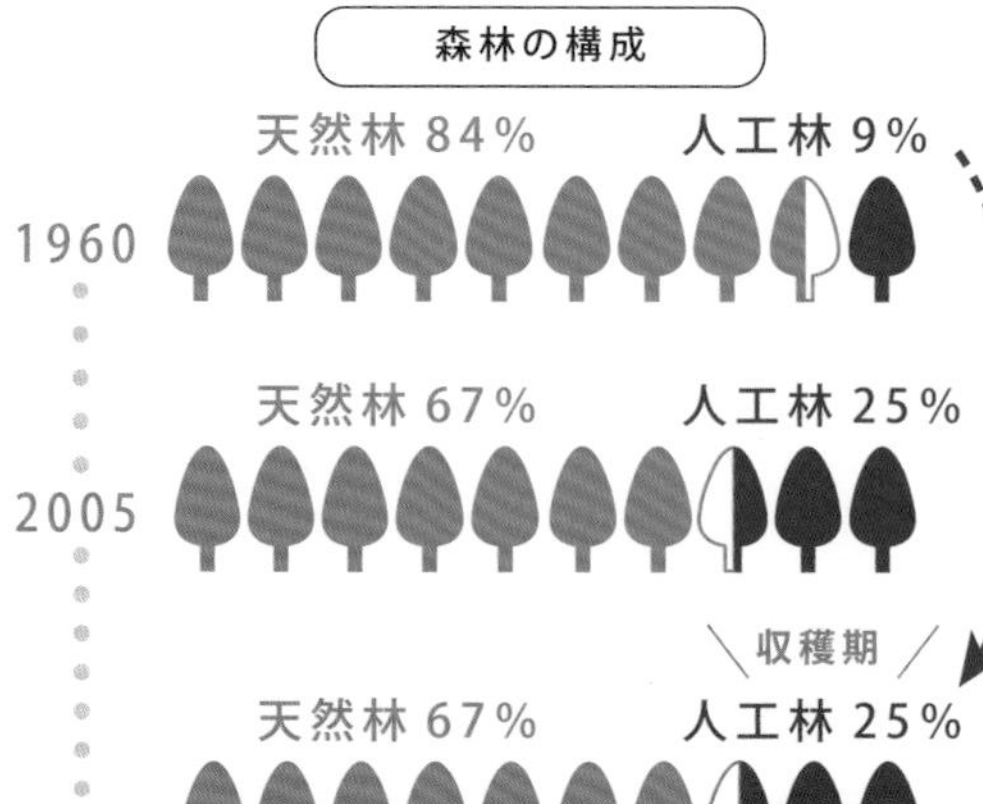

１９６０年代以降に国土保全などの目的で増加した金沢市の人工林は、ほとんどがスギの造林地で、多くが林齢45年を迎え、木材利用に適した時期に差し掛かっています。対して天然林はナラ類を主体とし、かつては薪炭材、シイタケやナメコのほだ木、パルプ材などに活用されていましたが、近年は利用が減って老齢木が増えているのが現状です。

民有林の３％を占めている竹林は生活用品を作るための材料として活用されていましたが、プラスチックなど代替素材が普及したことにより、現代では放置され気味です。竹は繁殖力が強く、放って

金沢市域の民有林と国有林

おくと周囲の植物を脅かして里山の荒廃を招いてしまいます。

森林の目指すべき姿

豊かな自然を象徴する森林ですが、その理想の姿とはどんなものでしょうか。

金沢市が2022(令和4)年に策定した「金沢市森林整備計画書」では、森林整備の基本方針として、目指すべき姿とその機能を以下のように挙げています。

①水源涵養機能　下層植生と樹木の根が発達することにより、水を蓄えるすき間に富んだ浸透・保水能力の高い土壌を有する。また、浸透を促進する施設などが整備されている。

②山地災害防止機能と土壌保全機能　下層植生が生育するための空

間があるのに加え、樹木の根が発達し、土壌を保持する能力に優れる。必要に応じて山地災害を防ぐ施設が整備されている。

③快適環境形成機能　樹高が高く枝葉が多く茂っているなど、遮へい能力が高く、強風や飛砂の被害に強い。過酷な気象条件や病虫害に抵抗性があり、葉が多い樹種で構成される。

④保健・レクリエーション機能

豊かな森から流れ出た水は大きな流れに＝金沢市内

高原、渓谷など、観光の面で魅力的な自然景観や植物群落を有する。キャンプ場や森林レクリエーション施設がある。保健・教育的利用に適している。

⑤文化機能　潤いある自然景観や歴史的風致を構成する。

⑥生物多様性保全機能　常に変化しながらも、その土地固有の自然条件・立地条件に適したさまざまな生育段階や樹種から構成され、さらにそういった森林がバランス良く配置されている。

⑦木材等生産機能　生活に不可欠であり、再生可能資源として重要性が高まる木材などの林産物を、持続的・安定的かつ効率的に供給する。

樹木が豊かに、バランス良く育っている森林は土壌を

金石・大野やすらぎの林ふれあいゴルフ場でパークゴルフを楽しむ人たち
＝金石北4丁目

保つ機能を持ち、大雨などによる土砂災害の被害を軽減してくれます。生物多様性が守られているなら、環境保全はもちろん、教育にも生かされるでしょう。何より「木の文化都市」にとっては、最後の林産物の持続的・安定的供給の確保は欠かせません。

藩政期は「七《しち》木《ぼく》の制」

その林産物の代表格である木材は藩政期、今以上に様々な用途がありました。

「金沢市史」によると当時の木材は、藩の需要に供する「御用材」や土木工事用、個人宅の建て替え用などとして、幅広く利用されていました。御用材は城郭や役所、御殿の建設・修築に必要とされるもので、1781(天明元)年に越中黒部の奥山から切り出したものを宮腰まで船で運んだ記録が残っています。藩の領域内で用意しきれない場合は、津軽・南部といった東北諸藩からも調達していたようです。

このようにインフラ整備に必要となる木材を確保するため、森林の管理は重要事項でした。加賀藩は、領内の重要な樹種7種を定めて伐採などを制限する政策「七木の制」を採っていました。三代藩主前田利常がこの政策を積極的に始めた理由は、築城や修理の時、一度に大量の樹木が必要となるためです。1616(元和2)年、能登を対象に松、杉、檜《ひのき》、槻《けやき》、栂《とが》、栗、漆《うるし》の7種が指定されたのが始まりで、指定される木は地域や時代によって異

「七木の制」を始めた加賀藩三代藩主前田利常の肖像画(小松市・那谷寺所蔵)

金沢市民ボランティアによる抵抗性黒松苗木の植栽
＝金沢市粟崎

なり、５種や６種の場合もあったといいます。指定樹木は藩有林に限らず、民有林でも許可なく伐採することが禁じられていました。

藩政末期には焼炭の製造が活発になり、特に火力の強い松炭の需要が高まりました。ただし、大量に作ればそれだけマツが伐採されることになるため、伐採した跡に苗松を植え付けるなどの配慮がみられました。防風・砂防、景観保持を目的とした植林も行われていました。街道沿いに整備された松並木は田畑との境界を示すとともに、通行人にとっては日陰となり、景観の向上に貢献していたのです。

「七木の制」重要樹種の７種は時期と地域により若干異なる。
1616（元和２）年、能登＝松、杉、檜《ひのき》、槻《けやき》、栂《とが》、栗、漆《うるし》
1652（慶安５）年、能登＝松、杉、檜、槻、栂、桐、栗
1666（寛文６）年、加賀＝松、杉、槻、桐、樫《かし》、唐竹《からたけ》
1723（享保８）年、能登＝松、杉、槻、桐、樫、栂、栗
1867（慶応３）年、加越能＝松、杉、槻、檜、桐、樫、唐竹

所有者は高齢化、価格も低迷

しかし、現代に目を移すと、市域の6割を占める森林には管理の問題が浮上しています。

前述の「金沢市森林整備計画書」によると、森林所有者は高齢化や世代交代が進み、7割の所有者は森林を全く管理していない状態です。所有している森林の範囲、境界を把握している人は1割に届きません。金沢市が実施したアンケート調査では、管理しない理由として「高齢化により難しい」「林業の収益性が低い」「所有林の場所が分からない」などが挙がりました。森林への関心が低い現状が浮き彫りになっています。

実際、金沢産材の価格は、高い水準を保ってきたとは言えません。金沢共販所での近年のスギ中丸太の価格を見ると、2017(平成29)年~20(令和2)年は徐々に下降。2021(令和3)年にウッドショックの影響で1立方メートル当たり1万2500円に跳ね上がったものの、それでも全国平均を下回りました。

「林業では食べていけない」という意識の広がりを裏付けるよう

間伐など手入れの行き届いたスギ林＝金沢市内

担い手が不足し荒れるに任せたスギ林＝金沢市内

に、林業従事者も減っています。農林水産省によると、２０２０（令和２）年時点での金沢市内の林業経営体数は19。15（平成27）年の73から大きく減りました。金沢森林組合の林業従事者数は22（令和４）年３月末時点で32人と、大きい変動はないものの、過去10年間でじわじわと減少しています。

手つかずの自然が神秘的で美しい土地はありますが、特に里山と呼ばれる場所は、人の手が加わらなければ荒れてしまいます。人里にクマやイノシシの出没が相次いでいるのも、里山が荒廃したことで動物の生息圏が広がっているのが原因の一つとして考えられます。「木の文化」の振興には、森林の管理と林業の継承は避けて通れない課題と言えるでしょう。

金沢産材、住宅に

「木の文化都市」を盛り上げるため、金沢市は金沢産材の利用促進を図っています。

市内では、２０２２（令和４）年４月に開校した犀桜小、同じ時期に移転した中央小の各新校舎、同年４月にリニューアルオープンした金沢市立玉川こども図書館など、地元の木材をふんだんに利用した建物が次々と建てられています。木のぬくもりが感じられる空間は心地よく、児童や利用者からも好評のようです。

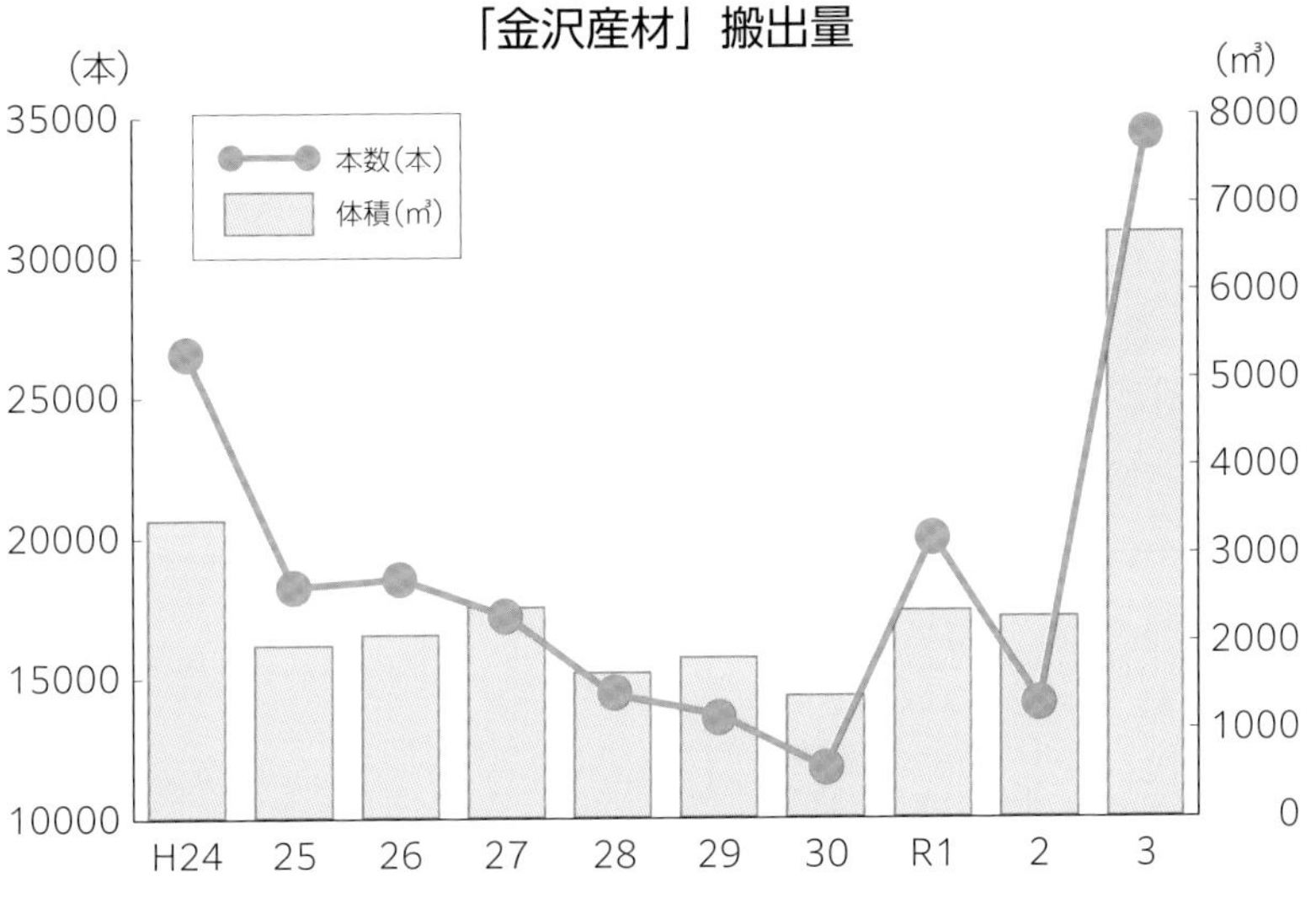

※ 金沢市内の森林で伐採・搬出された丸太の本数及び体積

一般住宅では、金沢産スギを使って木造住宅を建てる世帯を支援する市の補助制度が、2021（令和3）年度から拡充されました。スギ柱を使う住宅を新築・増改築する市民を対象に2004（平成16）年度に創設された制度で、拡充後は柱だけでなく塀の設置にも補助が受けられるようになっています。認定件数は17（平成29）年の190件をピークとして、21年は138件に留まっています。

ただ、ウクライナ情勢などの影響から資材や燃料費が高騰して新築を見送る市民が増え、22年度は2023年1月末時点で利用が102件と、少々伸び悩むことになりました。世界情勢はどうにもで

金沢産材マスコットキャラクター「かなりん」

きない部分がありますが、そもそも、「金沢産材」という言葉が使われ出したのは、補助制度が設けられてから。金沢産材の存在感も、制度の知名度も、まだまだ向上させていく余地がありそうです。

金沢林業大学校に新コース

林業従事者を増やす取り組みも広がっています。金沢市は２００9(平成21)年4月、森林の適正な整備と保全、中山間地域の活性化を目指して「金沢林業大学校」を開設し、森林管理や林産物生産の担い手を育てています。２０２３(令和5)年2月時点では、6期生までの80人が修了しました。

金沢林業大学校の研修期間は2年間で、林業従事者や大学教員などが講師となり、座学と実習で基礎知識を教えます。２０２２(令和4）年度からは、「林業基礎コース」に加え、即戦力として活躍できる人材を送り出すため、実践的な研修に取り組む「林業専門コース」が新設されました。チェーンソーや刈払機のほか、建設機械や小型移動式クレーンの運転資格が取得できるカリキュラムが組まれています。研修生には女性の姿も目立ち、修了後はキノコの栽培などを始める人が多いそうです。

2021（令和3）年1月には、

実習に励む研修生＝金沢市内

林業に関心のある人に向けた市の現場体験会が初めて行われました。山での仕事を希望していても具体的な仕事のイメージがわかず、就業に踏み出せない人が多いためです。当日は、30～60代の男女が俵町で樹木の伐採作業を間近で見詰めたり、金沢森林組合で職員から仕事のやりがいを聞いたりし、林業の魅力に触れました。このほかにも、自伐型林業に取り組む地域おこし協力隊員が募集されるなど、金沢の森林に関わる人

樹木の伐採を見学する参加者＝金沢市俵町

の輪が少しずつ広がっています。

森づくり協定で管理

林業で生計を立てるとまでいかなくとも、森林を適切に管理することは大切です。特に中山間地域の人口が減少している現代は、地域ぐるみで地元の山の面倒を見るというのが、一つの方法ではないでしょうか。金沢市内では、各町会や地域の林産組合が市と「ふるさとの森づくり協定」を結び、民有林の再生や整備に支援を受けています。

どんな森林を目指すのかを住民らで話し合い、森づくりの計画を策定した上で締結する協定で、2022(令和4)年度までに金沢市内140団体が結んでいます。協定を結ぶと「民有林再生支援事業」として、荒廃した竹林の伐採や人工針葉樹林の枝打ちといった作業に補助が出ます。

地域ではなく、企業が森づくりに取り組む例も広がっています。金沢市の「企業の森づくり活動」には、金沢テクノパークに工場を置く企業や建設会社などが参加しています。山間部の湯涌地区やキゴ山、海に近い粟崎などで、社員らが定期的に植栽の手入れや丸太ベンチの設置、遊歩道の草刈りのほか、レクリエーション活動に利用しており、新入社員など若い世代が森林に関わる機会にもなっているようです。

里山で行われている「企業の森づくり活動」＝金沢市内

譲与税の有効活用

日本では2019(平成31)年3月、森林環境及び森林環境譲与税に関する法律が施行され、いわゆる「森林環境譲与税」が創設されました。温室効果ガスの排出削減や災害防止のため、森林整備にかかる財源を安定的に確保するのが狙いです。

都道府県・市区町村に譲与された森林環境譲与税は、それぞれの地域の実情に応じて運用されます。金沢市では森林整備や人材育成、木材利用の促進・普及啓発の事業に活用されています。

森のミライへ3プロジェクト

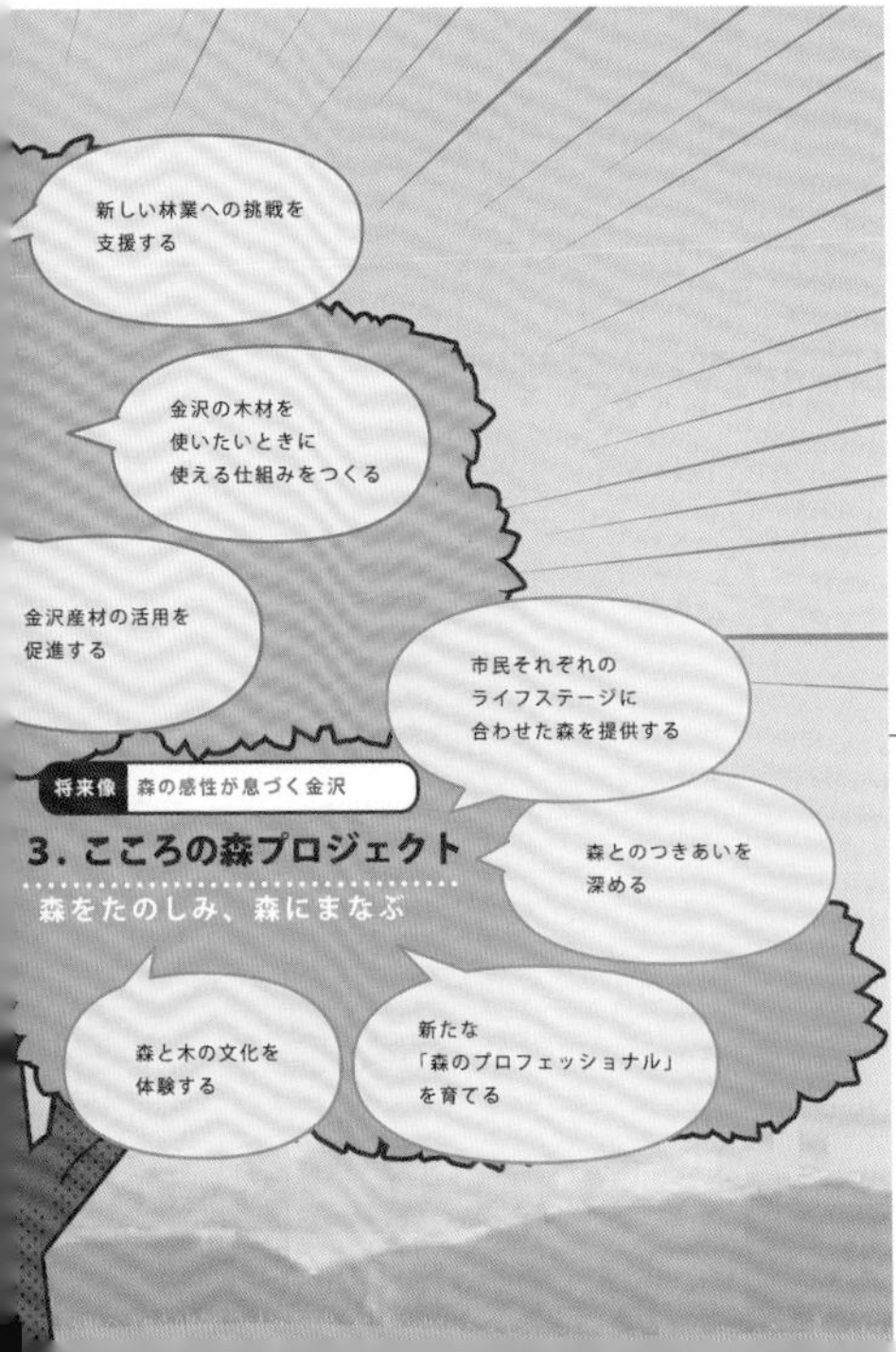

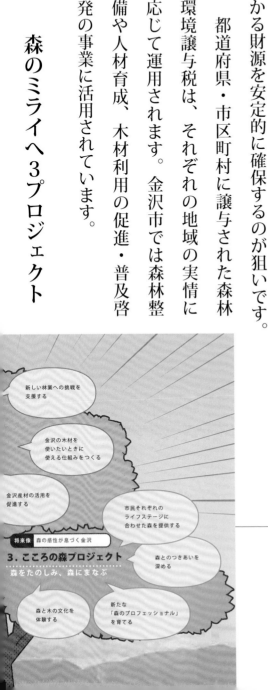

将来像 森の感性が息づく金沢
3. こころの森プロジェクト
森をたのしみ、森にまなぶ
新しい林業への挑戦を支援する
金沢の木材を使いたいときに使える仕組みをつくる
金沢産材の活用を促進する
市民それぞれのライフステージに合わせた森を提供する
森とのつきあいを深める
森と木の文化を体験する
新たな「森のプロフェッショナル」を育てる

なかでも森林環境譲与税を活用した新しい森づくりを創出するため、有識者などによる検討会を設置し、２０２１（令和３）年10月に「森からはじまる金沢のミライ」という基本理念とともに、森のミライにつなげていくための様々な方策となる３つのプロジェクトが金沢市長に提言されました。①いのちの森②くらしの森③こころの森、の各プロジェクトをスタートさせ、これまで様々な活動を通じて、夢を実現させようと関係者に働きかけています。

２０２１（令和３）年度の金沢市の使途を見ると、金沢林業大学校の運営費、金沢産材の利用促進事業費のほか、未就学児や小学生向

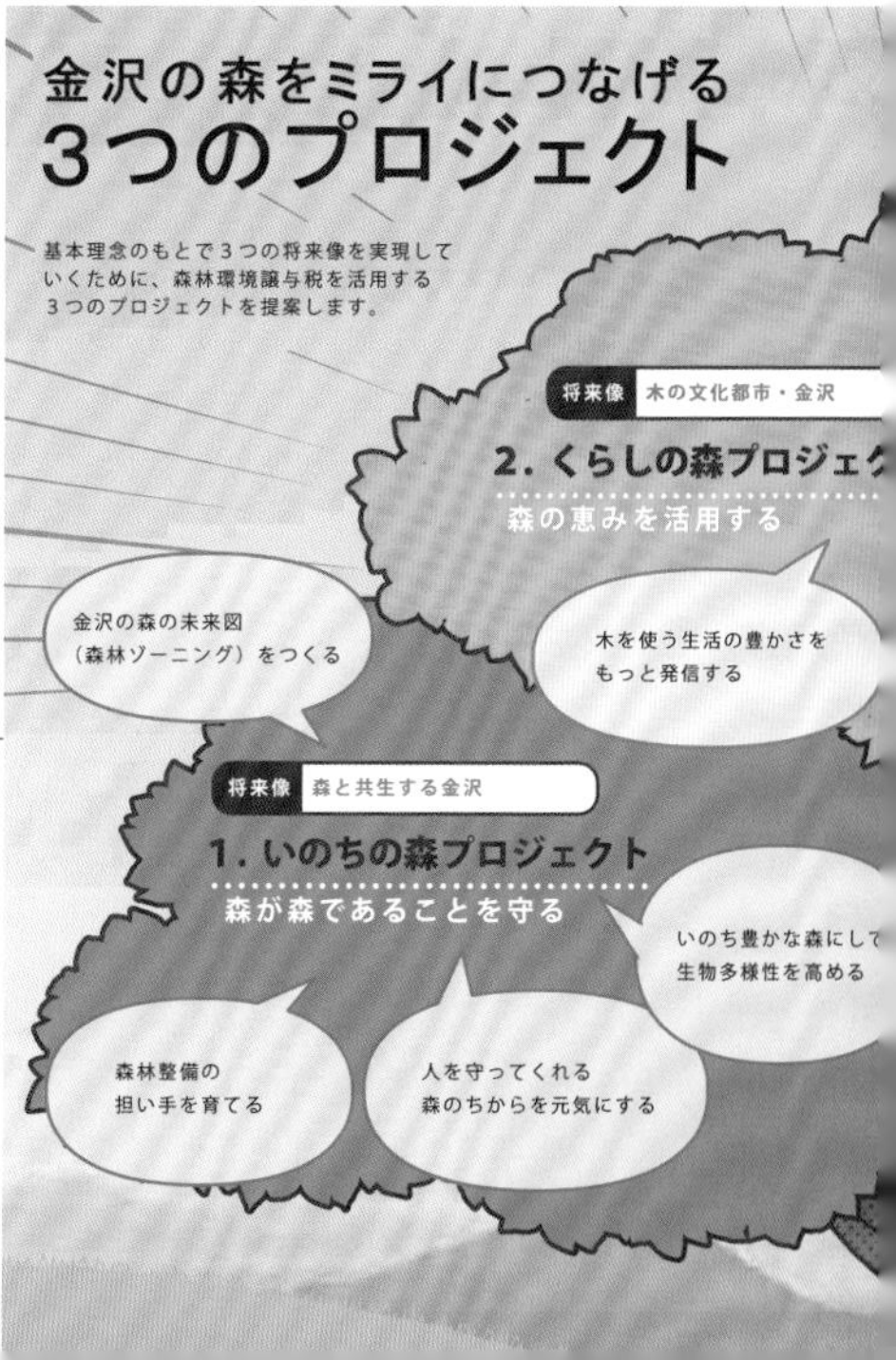
金沢の森をミライにつなげる
3つのプロジェクト
基本理念のもとで３つの将来像を実現していくために、森林環境譲与税を活用する３つのプロジェクトを提案します。
将来像 木の文化都市・金沢
2. くらしの森プロジェク
森の恵みを活用する
金沢の森の未来図（森林ゾーニング）をつくる
木を使う生活の豊かさをもっと発信する
将来像 森と共生する金沢
1. いのちの森プロジェクト
森が森であることを守る
生物多様性を高める
森林整備の担い手を育てる
人を守ってくれる森のちからを元気にする

けの体験学習を実施する財源にも森林環境譲与税が充てられています。

ただ、この森林環境譲与税は、２０１９～21年度、全国の市区町村に配分された計８４０億円の47％が消化されていなかったという実情があります。21年度は全国の市区町村のうち、14％が全額を基金に積み立てており、制度運用の方法を見直すべきだとする声も。「木の文化」にとっては追い風となる財源なので、今後も有効に活用してほしいものです。

金沢は里山とともに

時代とともに、林業の形は少しずつ変わってきています。石川県は、ＩＣＴ（情報通信技術）を活用した「スマート林業」を推進し、ドローンの操縦の研修会などを展開しています。かつては男性の仕事と思われがちでしたが、女性が現場で活躍する例も増えてきています。

金沢林業大学校修了生で、２０１３（平成25）年に林業の活性化を目指す石川県内の女性でつくる「もりラバー林業女子会＠石川」を立ち上げた砂山亜紀子さんは「林業は、すぐには目に見える結果が出ない仕事。何十年も先のことを考えるのは難しいけれど、その分、責任とやりがいがあります」と語

照葉樹林などが多い金沢の里山

ります。

木とともにある暮らしでは、木を使うことだけが全てではありません。木を切った後、また植えた後にどうしていくか。山の恵みを途切れることなく、循環させていくにはどうしたらいいのか。健全な森林を未来へつなげていくためには、大きく、長い視点が求められます。

「おいしい水やお米、魚が食べられるのは、山があるから。食べ物がおいしい金沢の文化を支えているんです。里山とともにある金沢というのをみんなが意識し、山に関わる人がもっと多くなったらいいなと思います」と砂山さん。美しい山林とその恵みをいただく暮らしを守るためには、一人一人が山へ、森へと目を向ける必要があります。

第5章

先進自治体、若者に学ぶ

地域創造のカギ握る三者

これからの地域創造のカギを握るのは「よそ者、若者、ばか者」と言われます。ばか者はともかく、石川県外の先進自治体や地元の学生ら若者から、木の文化都市づくりで新視点や発想、効果のある施策を学ぼうとしているのが金沢市です。

２０２２（令和４）年10月20日、木をふんだんに使った市第二本庁舎で、「木の文化先進自治体会議」が開かれました。出席したのは高知県、三重県、京都市の所管課職員、地元から石川県、かほく市、金沢市（都市計画課、森林再生課）の職員です。開催目的は、「木材の利用促進を図るとともに、木を文化として活用する先進自治体の関係者を招いて、木を取

活発な意見が交わされた「木の文化先進自治体会議」＝金沢市第二本庁舎

り入れた持続可能なまちづくりや、自治体間ネットワークの構築につなげる」ことでした。

結果、高木陽一金沢市都市計画課長は「活発に意見が交わされ、今後の木の文化都市づくりにとって、とても参考になる場となった。刺激を受けました」と総括しました。

先進県の筆頭は高知

先進自治体の筆頭に挙げられ出席した高知県木材産業振興課の小野田勝課長補佐は「金沢市では、木の文化都市づくりに都市計画課が主幹して進めているのに驚いた。高知県では森林部

「木の文化先進自治体会議」の翌日、清水建設北陸支店の「木づかい」を見学する参加者＝金沢市玉川町

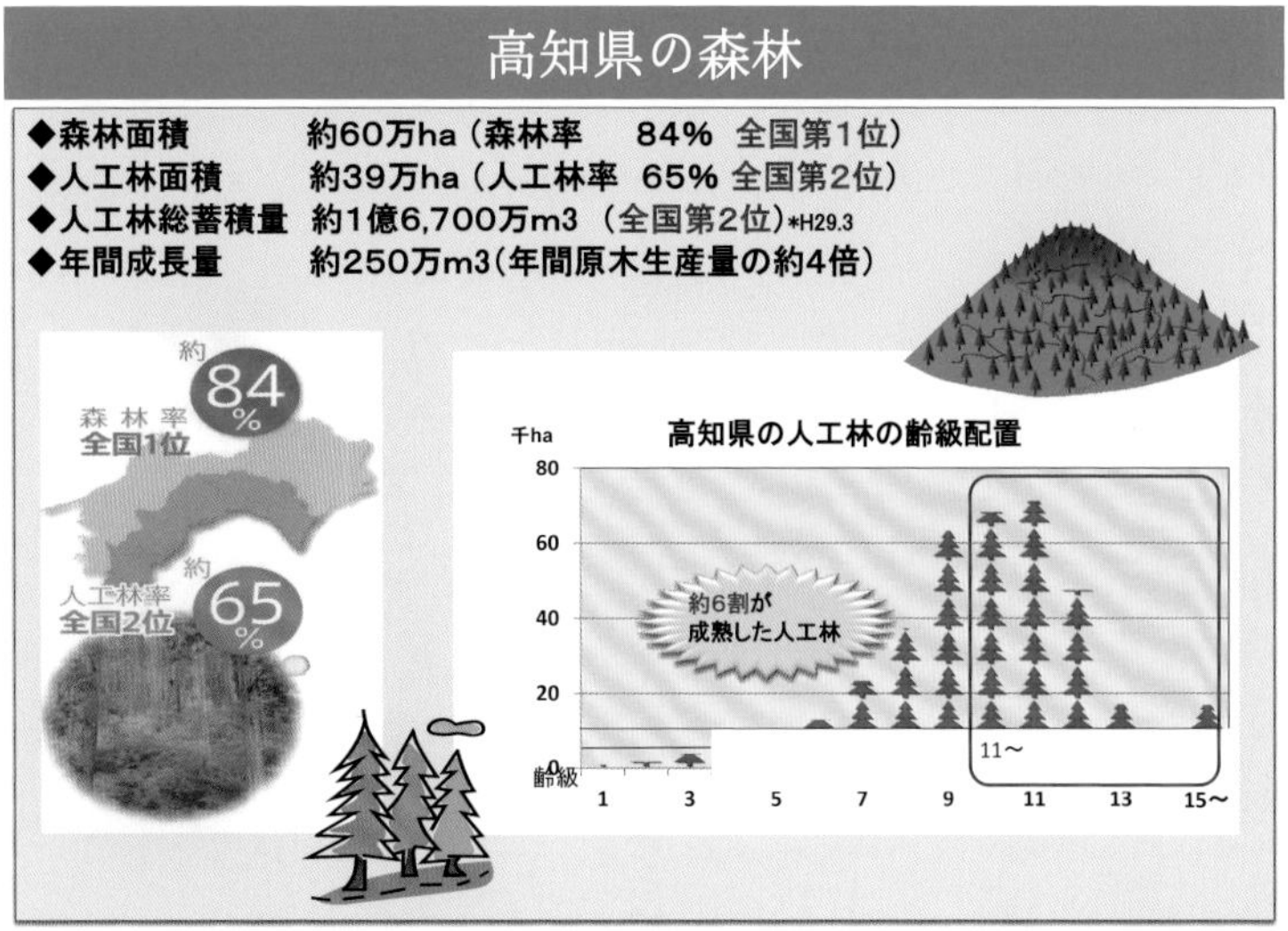

局が所管で、まちづくりに木をテーマに掲げているのはすごい」と感想を述べました。

その小野田補佐によると、高知県は森林面積が約60万ヘクタールと県土に占める森林率は84%と全国一。人工林面積も約39万ヘクタールと人工林率65%で全国２位。人工林総蓄積量も約１億６７００万立方メートルで全国２位と、もとより、木を活用する基盤の優位性を誇ります。

もっと言うと、全国のヒノキ人工林蓄積量では、民有林、国有林とも高知県がダントツの1位、スギ人工林でも民有林で高知県が全国3位。木を取り巻く産業が県政発展の牽《けん》引《いん》車《しゃ》になっているとします。

進む「木の文化県構想」

そんな高知県で1995(平成7)年3月に策定されたのが「木の文化県構想」です。

「豊かな森林の恵み、森林の恵みと木の伝統、山村の現状、生活の変化、地球環境の問題などの状況を背景として、今、もう一度、私たちのなかの木の伝統や文化を深く見つめ直し、他に先駆けて『木の文化』を培い、こ

木の文化県構想（平成7年3月策定）

（以下、「木の文化県をめざして（平成7年3月高知県）」から抜粋）

<構想の背景>

豊かな森林の恵み、森林の恵みと木の伝統、山村の現状、生活の変化、地球環境の問題などの状況を背景として、今、もう一度、私たちのなかの木の伝統や文化を深く見つめ直し、他に先駆けて「木の文化」を培い、この文化を県土づくりに役立てるとともに、世界に誇れる日本の「木の文化」としていく。

<木の文化県構想>

○基本理念　：**「人と木の共生」**

→　人と木のより深い関わりと多様なあり方を追求し、木に対する様々な知恵を蓄積しながら、木の循環に配慮した行動をとることが木の文化

○取り組む3つの項目

木を育てる	木に親しむ	木を活かす
樹木や森林を慈しみ、持続的に育て、健全で豊かに維持し、遺産として次代に残す。	豊かに、健康で文化的に生きるため、森林を散策し、その中で休息し、樹木や森林、木材に触れ、楽しみ、学び、芸術・文化活動を行う。	樹木や森林、木材などの再生に配慮しながら、私たちが豊かに生活していくために活用する。

木の文化県
こうち

の文化を県土づくりに役立てるとともに、世界に誇れる日本の『木の文化』としていく」

こう〈構想の背景〉を述べ、構想の基本理念を「人と木の共生」とし、「人と木のより深い関わりと多様なあり方を追求し、木に対する様々な知恵を蓄積しながら、木の循環に配慮した行動をとることが木の文化」とうたっています。

そのうえで取り組む3つの項目を▽木を育てる▽木に親しむ▽木を活かす、として施策を展開してきました。

代表格は木造アーケード

木の文化県構想の代表的な取り組みに高知市の「はりまや橋商店街」の木造アーケードが挙げられます。これは、高知県の中心にありながら沈滞していた旧中種商店街活性化の契機として、木造アーケード基本構想が策定され、国内初の本格的木造アーケードが、高知県産のスギと鉄骨で造られたのです。１９９８（平成10）年度優良木造表彰施設として林野庁長官賞を受賞しました。アーケードを構成するスギ角材が幾何学的に組まれ、「あたかも杉木立の中を歩いているような感覚を喚起している」と言います。このほか、２００８（平成20）年には同市のＪＲ高知駅の大屋根「くじらドーム」、２０１９年には北川村の地域活動支援センターなど建造物の木質化は多数あります。

高知県産のスギで幾何学的に組まれた木造アーケード
＝高知市の「はりまや橋商店街」

木と鉄骨でわん曲した大屋根「くじらドーム」＝JR高知駅

川上から川下まで一貫の理想型

さらに高知県ならではの施策は、17年に制定した「県産木材の供給及び利用促進に関する条例」を受けての、林業関連産業の飛躍的な振興推進です。これは、「山で若者が働く、全国有数の国産材産地」を目指すもので、18年を起点とした数値目標も設定。例えば、木材・木製品製造業出荷額などは18年が２１４億円であるのを10年後に２３６億円に、原木生産量は18年が54・５万立方メートルであるのを10年後85万立方メートルにと設定。川上から川下までの活性化を生かして、木材生産・流通を最適化し、着実に数値目標を達成しようとする壮大な施策です。

川上では原木生産の拡大、川中では木材産業のイノベーション、川下で木材利用の拡大などを図るとともに、持続可能な産業にするための担い手の育成、確保を図ります。

CLTで交互に組まれた天井板＝高知県内の地域活動支援センター（艸建築工房提供）

小野田課長補佐はこの施策に欠かせないのはICTなどを活用した効率化、省力化による生産性の向上と、原木の生産や需要情報の共有による原木流通の円滑化、さらには、輸入材の不足に伴う国産材需要に応えるための高品質な製材品の供給体制の整備や、CLT*

＊CLT（Cross Laminated Timber）直交集成板の略称で、ひき板（ラミナ）を並べた後、繊維方向が直交するように積層接着した木質系建材。この出現により、新木造の道が国内でも大きく開かれた。

の活用や非住宅・中高層木造建築を推進するための「環境不動産」としての評価の確立を通じた木材利用の拡大、とします。

「木の文化県・高知」を指し、金沢市都市計画課の荒井美加子都市機能向上係長は「行政、施工者、設計者、林業従事者ががっちりスクラムを組み川上から川下まで一貫した理想型」と評価します。

人材育成に力入れる三重県

次に位置する先進県の三重を見てみましょう。ここでも県土の大部分を森林が占め、何といっても、古来、守り伝えられてきた、日本の木の文化の象徴たる伊勢神宮があります。

木の文化先進自治体会議に出席した三重県森林・林業経営課の河原賢主任が語ります。「本県で近年、力を入れているのは、県が主導して、市町、民間に木の文化を積極的に啓発、牽《けん》引《いん》する取り組みです。人材育成をしっかり行っていれば、施策展開はスムーズに運

住宅以外の建造物の木造・木質化を学ぶ基礎講座＝三重県内

木造・木質化を提案できる建築士を養成する設計演習講座＝三重県内

びますから」

2022（令和4）年度、三重県の森林・林業経営課が主幹して、二つの中大規模建築設計セミナーが開催されました。行政職員と一級建築士を対象とする各講座です。行政職員対象講座は、県と市町の営繕担当及び発注担当者に、県産材を活用した建築施設の木造・木質化に関する基礎的な知識を習得する研修会を基礎編1日に専門編2日の3日間実施。一級建築士対象講座は林業、木材産業、建築施工に関する基礎的事項を学んでもらうとともに、実践的な設計演習を通じて木造建築物の設計監理の技術とノウハウの習得を図り、公共施設や商業施設などの木造・木質化の相談や提案ができる建築士を養成するもので、木材利用基礎講座2日間に木造・木質化設計演習講座4日間で行いました。三重県では「木の文化」創造で人づくりにかなりの重点を置いているようです。

木づかい活力を顕彰

加えて、民間の「木づかい活力」を顕彰することにも力を入れています。22年度も行われたのは、「みえの木建築コンクール」で、県産材を目に見える形で活用した魅力的な建築物を募集し、その建築に関わった人たちを表彰するとともに、その事例を広くPRして、「木づかい」の気運の醸成と、県産材

第1回みえの木建築コンクールのポスター

の需要拡大を図る企画です。もう一つ。「みえの木製品コンテスト」。これは、県産材を使用した木製品コンテストを開催し、暮らしに取り入れたくなるような魅力的な木製品をPRするとともに森林の大切さを学ぶツアーなどを開催し、県民の木づかいの意識の醸成を図り、日常生活で当たり前のように木材が使われる社会づくりを目指す企画です。

「とにかく、住宅に公共建造物に、暮らしに木を使おう、この気運を県と市町が中心になって民間に高めていこうというのが木づかい運動なんです」。河原主任の言葉が熱を帯びます。

木づかい宣言事業者を登録

木づかいキャンペーンの中核を成すのが三重県「木づかい宣言」

事業者登録制度です。これは「木づかいは三重の豊かな自然を守ります」が合言葉。店舗や施設において、目に触れやすい形で三重県産材をＰＲする計画があれば宣言できる制度です。この宣言で得られるメリットを①木材利用による「ＳＤＧｓ」の取り組みが企業経営に役立つ②県のホームページやフェイスブックなどＳＮＳで木づかいの取り組みをＰＲする③受付などに飾れる木製登録書を授与する、の３つだとします。２０１８年から始まった「木

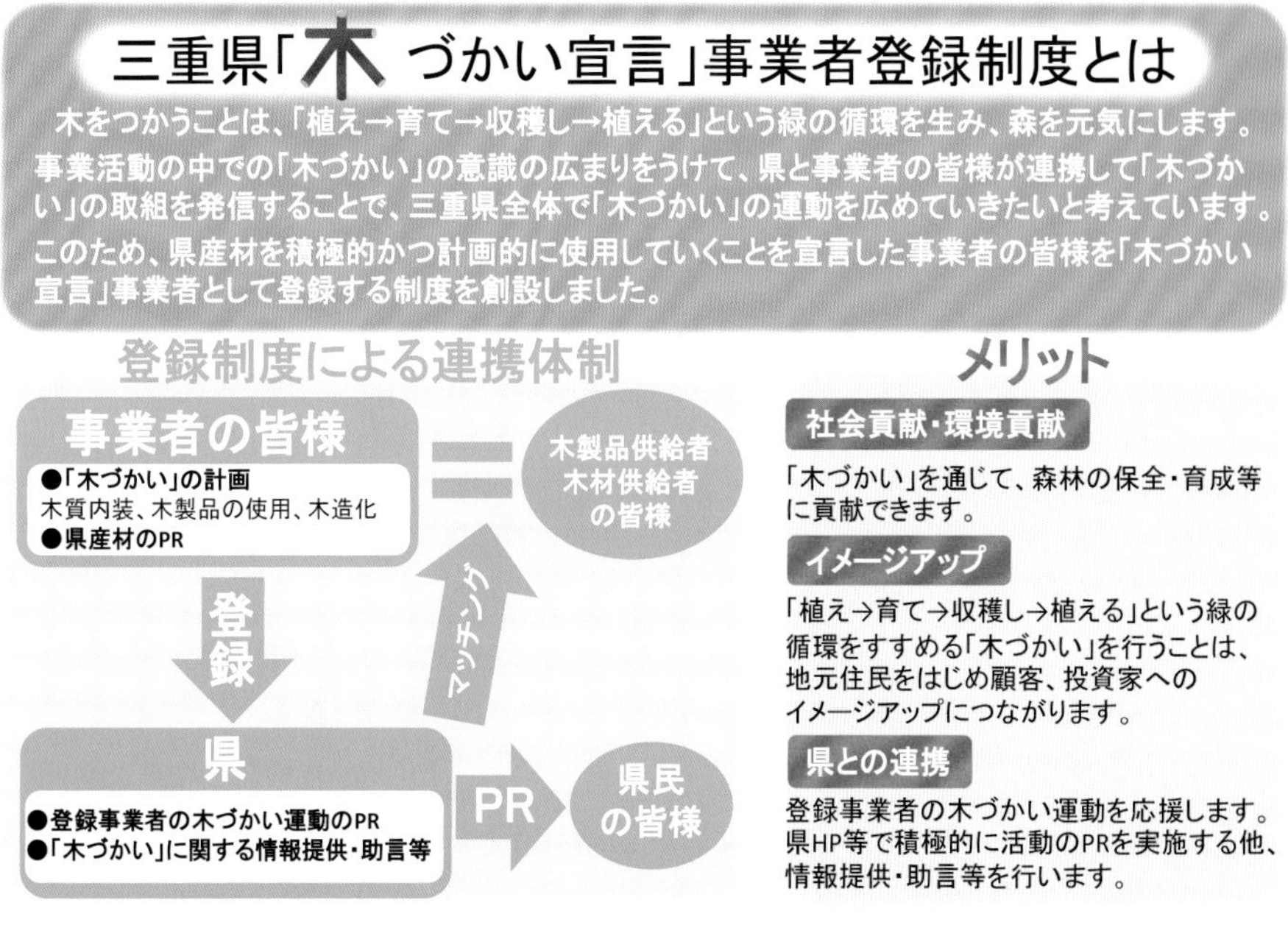
三重県「木づかい宣言」事業者登録制度とは
木をつかうことは、「植え→育て→収穫し→植える」という緑の循環を生み、森を元気にします。
事業活動の中での「木づかい」の意識の広まりをうけて、県と事業者の皆様が連携して「木づかい」の取組を発信することで、三重県全体で「木づかい」の運動を広めていきたいと考えています。
このため、県産材を積極的かつ計画的に使用していくことを宣言した事業者の皆様を「木づかい宣言」事業者として登録する制度を創設しました。
登録制度による連携体制
事業者の皆様
●「木づかい」の計画
木質内装、木製品の使用、木造化
●県産材のPR
木製品供給者
木材供給者
の皆様
登録
マッチング
県
●登録事業者の木づかい運動のPR
●「木づかい」に関する情報提供・助言等
PR
県民
の皆様
メリット
社会貢献・環境貢献
「木づかい」を通じて、森林の保全・育成等に貢献できます。
イメージアップ
「植え→育て→収穫し→植える」という緑の循環をすすめる「木づかい」を行うことは、地元住民をはじめ顧客、投資家へのイメージアップにつながります。
県との連携
登録事業者の木づかい運動を応援します。
県HP等で積極的に活動のPRを実施する他、情報提供・助言等を行います。

づかい宣言」登録事業者は年々増え、22年7月末現在で34社に上ります。

このうち例えば、第1号登録のネッツトヨタ三重では、内装及び屋外展示場の木質化、キッズスペースの設置と木育イベントの開催などが評価されました。第2号の「磯部わたかの温泉 風待ちの湯 福寿荘」では「客室および浴室の木質化、木製のノベルティの配布」が評価されました。

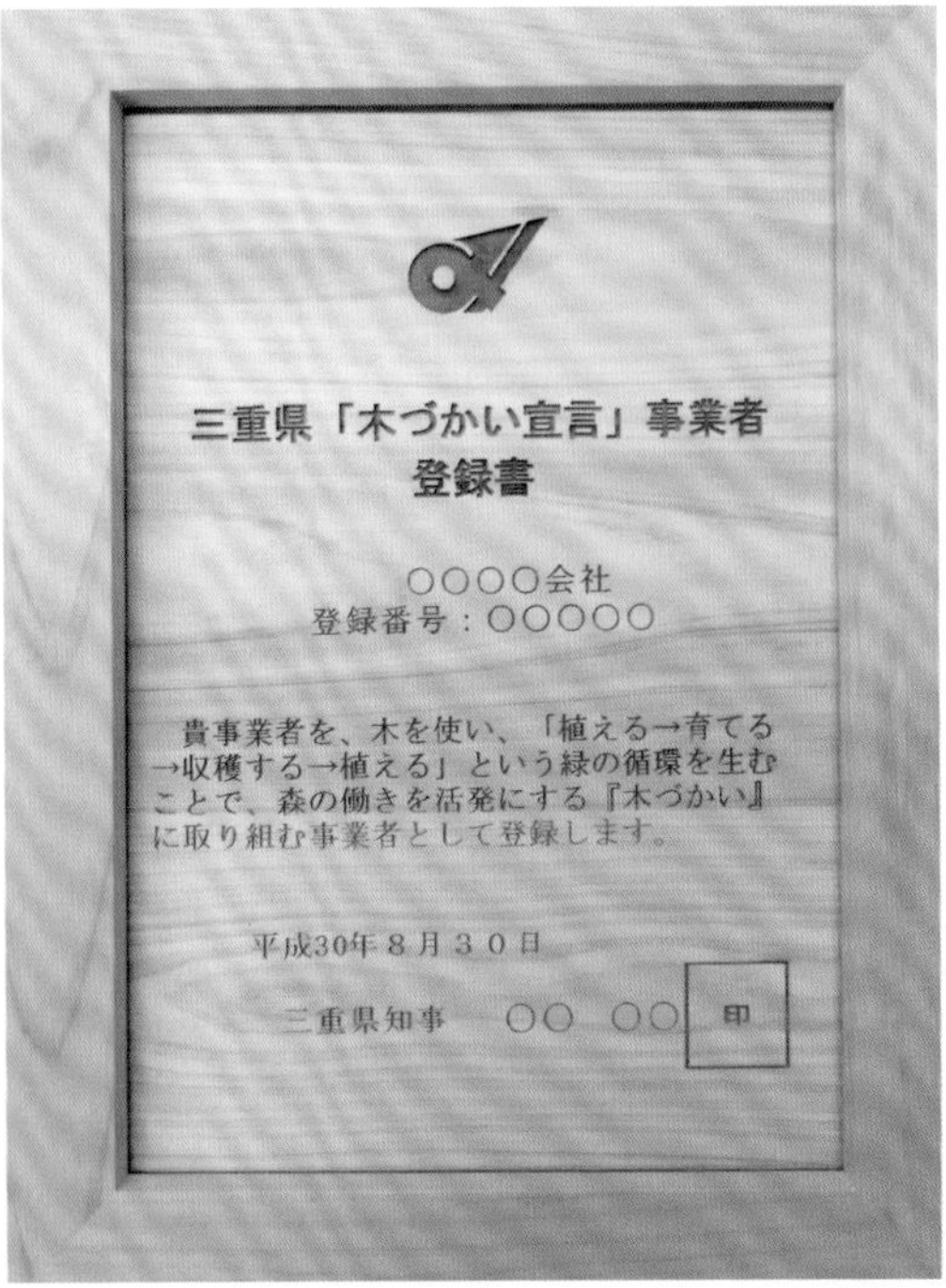

木でつくられた三重県の「木づかい宣言」事業者登録書のヒナ型

担い手確保に総合支援機構

さらには、林業人材の確保、育成に向けた新たな体制整備について、県とみえ林業総合支援機構が連携して、新規就業者の確保・育成、県の「みえ森林・林業アカデミー」など既存業者の人材育成、そしてアカデミー修了生を含む既存業者の総合的支援を進める体制が確立しています。

みえ林業総合支援機構は、新たな担い手確保対策を前面に押し出し、県内での林業就業フェアなどの開催や近隣県と連携した就業、就職情報の発信に力を入れています。

「みえ森林・林業アカデミー」は林業人材の育成が本旨で、既存業者の林業人材育成基本コースを備え、ディレクター、マネージャ

京都市が作成した「木と暮らすデザイン」の画面

ー、プレーヤーの各コースで人材育成に磨きを掛けます。また、林業研究所、みえ森づくりサポートセンターなどとも連携して体系的な森林教育を推進しています。「森林人材の育成は三重に学べ」と言われる所以《ゆえん》です。

京都は「木と暮らすデザイン」

最後に京都市。京都の木の文化といえば、長らく蓄積されてきた京町家が挙げられます。戦災を免れ多くの市民に愛されてきた京町家は、京都の魅力的で個性的な都市空間を形成する、まちづくりの資源として今後も期待されます。ただ、くだんの先進自治体会議では、「木と暮らすデザイン」をテーマにした京都市の試みが紹介されました。荒井金沢市都市計画課係長は「さすがに千年の都らしい、木を使ったおしゃれで、洗練されたデザイン感覚、ソフト構築が大いに学べる」と感想を述べました。

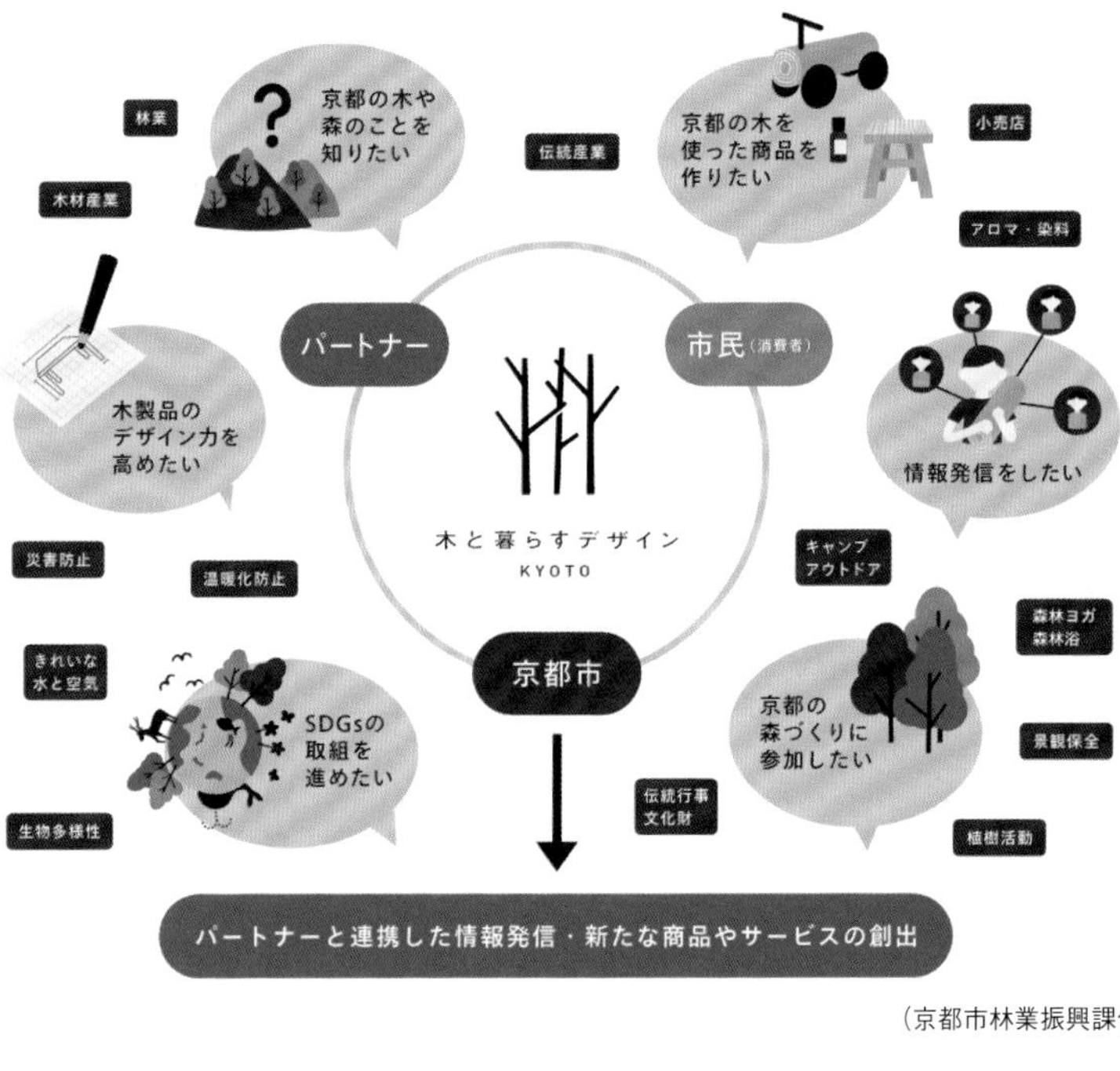

（京都市林業振興課作成）

京都市林業振興課の林達朗課長によると、「木と暮らすデザイン」とは「現代の暮らしに合った、人と森との新たな関係性のデザイン」だとします。

筆頭に挙げる課題は、市内産木材の利用を一般消費者にどう広げるか。消費者意識をアンケートで探りました。

京都市には、2007(平成19)年から実施している市木材地産表示制度(みやこ杣木《そまぎ》認証制度)という、市内産木材の取り扱い事業者を認定し消費を促す制度があります。現在、事業者は100社を超えます。

過半数が「市内産木材使いたい」

この制度を知っているかなどのアンケートを2020年に実施し

たところ、「知っている」と答えたのは農林業関係者、一般市民の4・2％。業界内では市内産木材の認知は進んでいるようですが、一般消費者らにはほとんど知られていないことが分かりました。一方で、市内産木材を使ってみたいとする回答は51・4％と過半数を占め、「興味はない」は5・6％であることが分かりました。

このことから、市内産木材に対する潜在的ニーズを利用につなげ

京都市内産材を用いてつくられた様々な製品

る仕組みが必要であるとの課題が浮上したのです。

市域面積の約74％を占める森林という豊かな資源、長い歴史に育まれた京都の「木の文化」、様々な企業や大学などの集積と連携といった、本来、京都が有する強みを生かさぬ手はありません。こうして打ち出されたのが「幅広い分野の企業や大学などをつなぎ森林資源の利用を進めるプラットフォームの構築」でした。

つなぐ、つかう、つたえる

プラットフォームは3本柱からなります。
①「つなぐデザイン」　林業、木材産業の枠組みを超えて幅広い分野の企業や大学、業界のネットワークなどを有機的につなぎ、消費側のニーズに応える新たな木製品やサービスの創出を支援

②「つかうデザイン」　デザイナーらと連携し、文化芸術、伝統産業、木と暮らし自然と共生するライフスタイルなど、京都ならではの「木の文化」を生かしたモノづくり
③「つたえるデザイン」　森林や市内産木材に関する情報をまとめて見える化し、消費者が見やすくわかりやすい情報発信
３本柱は、地域の森林や木材を消費者(市民)の身近に、という試みです。

流通業と製造業のニーズつなぐ

「つなぐ」では、「地域の木を使いたい」という思いをつなぎます。もっと言うと、環境問題、ＳＤＧｓへの取り組みとして地域産材を活用したい、京都の木を使った商品を作りたい、木製品のデザ

イン力を高め、より幅広い年代層に商品を届けたい、といった思いを形につなげる支援が市の役割だとします。

例えば、新店舗の開店に合わせて地域の木材を使った取り組みをしたいという無印良品イオンモール京都桂川と、市内産材の活用を広げたい住宅の施工や家具製作に取り組むフジノ工務店をマッチングしました。「ｔｏｒｉｎｏｋｏ」というオリジナルデザインです。買い物客も触れるキャッシュトレーを製作し、導入しました。そして、さらに広げようと、ショッピングモール内で、事業のポスター掲示とキャッシュトレーの製作過程を展示、紹介しました。

京都市内産材を使ったキャッシュトレー

一方で、２０２１（令和３）年７月から、パートナー事業者の公募を行っています。木製品など市内産木材の活用、キノコなど特用林産物の生産、ヨガ、キャンプなど森林の空間利用を行う事業者を公募し、22年10月時点で40事業者が登録しました。さらなるネットワークの広がりを目指します。

北山丸太でキッズカー

「つかう」では、「京都のワザとココロが生み出す魅力的な木製品を提案、紹介する」のがねらいです。現代の暮らしに合った木

現代の暮らしにマッチした京都市内産材の数々

様々な木製品を並べた展示会

の使い方とライフスタイルをデザインするもので、第一線で活躍するプロダクトデザイナーとともに生み出す京都ならではの木製品や伝統産業品「北山丸太」を使ったキッズカー、フローリング材の端材を使った組み立て家具、図工室の椅子をイメージしたスツールなどです。林課長は「京都の伝統産業の技や資源を無駄なく使いきる始末のココロなど、京都ならではのストーリーを生かしデザインしました」とSDGsにかなった製品づくりを強調しました。

みやすく、わかりやすく発信

そして「つたえる」。「森のヒト・モノ・コトを見やすく、わかりやすく」がモットー。京都の森林や林業、木製品や森林でのイベントなどの情報を集めて発信するポータルサイトの構築が目的です。その内容は▽コンセプト（事業の概要、木とともに暮らす意義など）▽プロダクトの紹介＝ブログ（新たな木製品、デザインの提案や商品紹介など）▽パートナー事業者の紹介＝ブログ（事業内容の告知やイベント告知）▽京都の林業（京都の林業の歴史や市の林業振興の取り組みについて）▽ＳＮＳ＝フェイスブック、インスタグラム（パートナーや新たな木製品の製作過程など発信）です。一般の消費者が森林や木製品の情報にアクセスしやすくし、パートナー事業者の事業内容やニーズの「見える化」で新たな連携を図ります。情報発信ばかりでなく、京都市内の博物館やデパート、東京の書店や展示場で展示・販売会も行ってきました。

ソーシャルデザインで林野庁長官賞

京都市はこうした試みを重ねて21年12月、日本ウッドデザイン賞林野庁長官賞をソーシャルデザイン部門で受賞しました。今後、森林サービス産業の創出や森林環境教育の展開を通じて京都でのネットワークの拡大を図るとともに、大手企業などの全国的なネットワークとの連携を目指したいと意欲的な姿勢を示しました。

以上みてきた先進自治体の取り組みは、「木の文化都市・金沢」の今後の施策に「大いに参考になった」（金沢市都市計画課）ようです。一方で、金沢市は学生ら若者の発想、視点を吸収する姿勢も前向きです。

第2回「木の文化都市・金沢　ミライまちづくり」の公開プレゼンテーション＝石川県立図書館

学生のミライまちづくり

市都市計画課は、２０２１（令和３）年から「木の文化都市・金沢　ミライまちづくり」学生提案事業を行ってきました。「未来のまちづくり建築家育成事業」と題し、地元の大学に対し木の文化の視点からのまちづくり提案を公募し、公開の場で発表、優秀作を顕彰し、近未来のまちづくりに生かせるアイデアを施策に反映させていく企画です。

実際に、21年度事業で最優秀賞を受賞した金沢工大生の「尾張《おわ》らん町プロジェクト」が採用されました。第1章で紹介した通り、様々な時代の建築物が建ち並ぶ尾張町の、都市計画でセットバックした空間を生かし、学生と住民が連携して新しい木質系材料を使った休憩所を期間限定で開設し、好評を博しました。

学生の6チームが提案

22年10月8日、石川県立図書館で開催された第2回公開プレゼンテーション事業では、金沢工大から2チーム、金大から1チーム、石川高専から2チーム、学生団体から1チームの計6チームの発表がありました。テーマは「木で遊ぶ商店街」「バス停留所木質化整備事業」「多機能型休憩空間の提案」「駐木するまち」「町在古材「まちのりを豊かに」とそれぞれ金沢の特徴を生かした提案となりました。

最優秀は「まちのりを豊かに」

宮下智裕金沢工大教授を委員長に５人の審査員が審査した結果、最優秀賞は、学生団体「ＳＮＯＵ」の「まちのりを豊かに」でした。金沢のまちなかに点在する「まちのりポート」を木質化していこうとの提案です。審査の講評では「実現性が高く、学生のアイデアを基に行政と民間が協働してトライアルしていくという事業の趣旨にマッチしており、金沢の新しい魅力になり得るものである」と

最優秀賞を受賞した学生団体「SNOU」の「まちのりを豊かに」の発表
＝石川県立図書館

「木の文化都市」との調和が問われる金沢市の公共レンタルサイクル「まちのり」

評価されました。

優秀賞は石川高専の2件

優秀賞の2件はいずれも石川高専チームの「駐木するまち」「町在古材」。前者は国内初の木造立体駐車場と青空駐車場の新たな活用法を示したもので、講評では「金沢の都市における駐車場のあり方を考えさせる提案であり、着眼点はおもしろく、素晴らしいアイデアであった」と評価。しかし、「今の駐車場をそのまま木造にするということでいいのか、という点を踏み込んでほしかった」との指摘がありました。後者は年間約100棟が解体され廃棄される金澤町家の古材をリサイクルさせようとの提案。講評では「古材をどのように循環させていくのか、という考え方は非常に面白い」「金沢の町家、古材を情報化とうまくリンクしていくと、国内でも先進的な取り組みとなる可能性を感じる」としながら「今後の拡張、未来への広がりが感じられるような提案」とさらなる深化を期待する評価となりました。

実現性の高さを期待

審査員は学者や民間事業者、市幹部で構成しますが、理系、文系を問わず学生に求めるところは、アイデアに富み夢多くも、やはり実現性と実用性の高さでしょう。学都とされてきた金沢だからこそ、市は今後もこの事業を継続していく方針です。四百年都市金沢のまちの特性をつかみ、現代にマッチした「木の文化都市・金沢」にふさわしい提案を期待しているようです。

第6章

民間活力で支える

「木の文化都市・金沢推進事業者」を創設

「木の文化都市・金沢」は金沢市が政策でリードする一方で、民間活力による盛り上げがなければ、官民協働のまちづくりにはなりません。市は2022年末から、まちなみや生活に木を幅広く活用する事業者を公募して登録し、その取り組みを市と事業者が連携し発信していく『「木の文化都市・金沢推進事業者」登録制度』を創設しました。

推進事業者の登録要件は①市と連携して木の魅力を継続的に発信すること②主たる事業以外で▽建築物の木質化▽木材加工品の製造・販売▽木育の推進▽森林の保全と植樹▽そのほか木を活用した社会貢献活動――などの取り組みを行う、としています。市の審査を経て決定します。

町家が多く残るひがし茶屋街

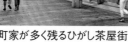

黒瓦屋根が続く金沢らしい家並み

その結果、「木の文化都市・金沢推進事業者」第1号として2022年12月、石川県木造住宅協会、加賀木材グループ、小松製作所金沢工場、みづほ工業の4者が決まりました。

一方で、木の文化都市をアピールするにふさわしい、木をふんだんに使った先進オフィスが市中心部にあります。清水建設北陸支店とダイダン北陸支店です。前者は木質部材を適材適所に使い、建物を最適に木質化することを目指す木質ハイブリッド技術を駆使。後者も、外観からして格子状に木をあしらい、内装にはゆったり空間に、木をふんだんに採り入れています。

木造住宅メーカーは木の文化都市・金沢の街づくりに取り組んでいます

石川県木造住宅協会

ウッドパーク入江のイメージ図

一般社団法人石川県木造住宅協会は、木造住宅の普及、生産技術の向上などを目的に県内の木造住宅メーカーで組織された団体です。安全で質の高い木造住宅の供給と緑化計画や空間設計にもこだわった街づくり、県産材の普及やＳＤＧｓの取り組み、次世代育成のための担い手確保や女性活躍の推進、空き地・空き家対策などさまざまな課題に取り組んでいます。

木の家の街「ウッドパーク入江」

２０２２（令和４）年４月に金沢市入江３丁目に全45区画の宅地「ウッドパーク入江」が完成し、同年10月から協会に加盟する各社が各１棟のモデルハウスを構え、省エネ性能に優れた住まいを紹介しています。全棟が建築物省エネルギー性能表示制度「ＢＥＬＳ《ベルス》」に適合した住宅で、緑豊かで開放的な魅力ある街づくりを進めています。

県産材利用促進のセミナー開催

当協会は、県産材利用の促進を図ることで手入れ不足の人工林の発生を未然に防ぎ、森林が本来有する多面的機能の維持増進を図ることを目的とし、県産材利用普及広報、県外ＰＲ推進、セミナーの開催からなる「石川の木づかい運動」を推進しています。

２０２２年度は住宅メーカー向けに県産材の活用事例の設計紹介や構造見学会を開きました。秋には親子で県産材の加工

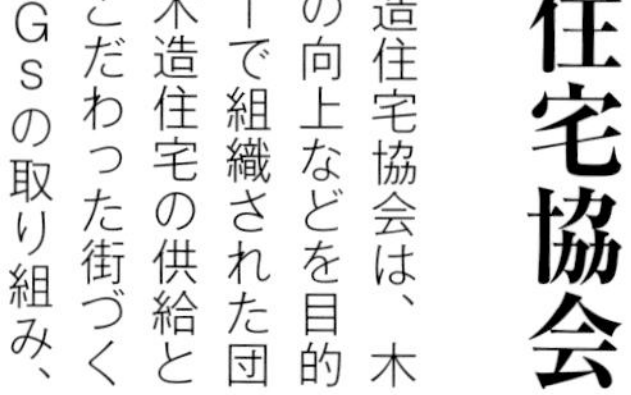

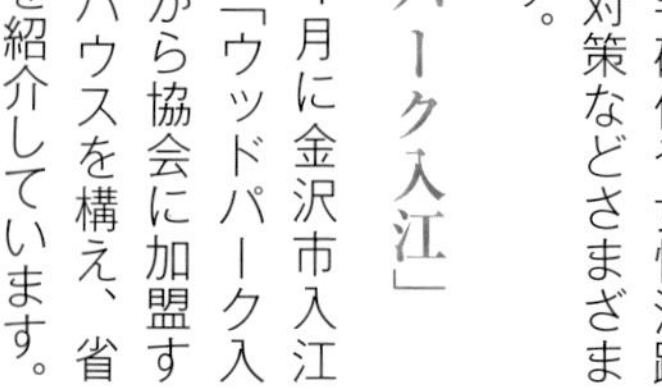

工場を見学し、県産材で工作をつくるセミナーも行いました。また、２０２１年６月には、当協会と県木材産業振興協会、県森林組合連合会で県産材利用活用三団体木材需給情報連絡会議を開き、新型コロナ禍による木材価格の高騰への対応や県産材の利用促進策を話し合いました。

木に親しみ理解を深める木育イベント

一般の方々や子どもを対象にした木育イベントや見学会も開催しています。２０１８年より毎年、奥卯辰山健民公園とんぼテラスを会場に、「木と遊び、木でつくって心を育てよう！」を開催。多くの親子連れらが参加し、積み木でまちづくり、木んぎょすくい、射的、ワークショップなどを楽しみました。

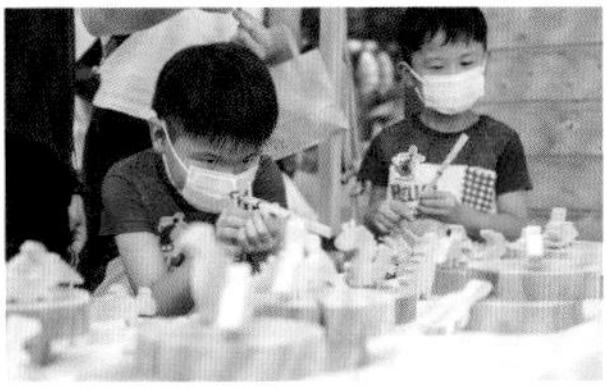

腕の立つ大工を育成する講座を開く

安全で質の高い木造住宅の建築には、腕の立つ大工の存在が欠かせません。当協会は２０２２年の７月から12月までに大工職人としての基礎知識を講義し、実地に技術を伝授する基礎講座を６回開催しました。一方、住宅・建築業界で生き生きと働く職人の姿を発信し、子どもたちに仕事の魅力をアピールするために「イケてる職人フォトコンテスト」を開き、市民から広く写真を募りながら、業界全体のイメージを高めています。

「木の文化都市・金沢推進事業者」登録証の第１号交付を受けました

石川県木造住宅協会は、２０２２年12月23日に、金沢市が創設した「木の文化都市・金沢推進事業者」登録証の第１号交付を受けました。今後も金沢市の街づくりに取り組みます。

石川県木造住宅協会　〒920-0364　金沢市松島2丁目109　☎076−240−4081

独自の不燃木材を開発。山林資源の有効活用で森を守り、地域社会に貢献

加賀木材グループ

木材商社の老舗、加賀木材は10年をかけて開発した独自の不燃木材「もえんげん®」や能登ヒバの魅力を最大限に生かした高付加価値の自社製品の拡大で、石川の森づくりに貢献し、企業理念とする「山への恩返し」を実現しています。

不燃木材「もえんげん®」は2007年に国内初の自然塗料付不燃木材として国土交通省の認定を取得。その後も実証実験を重ね、低コストで高品質な不燃木材の製造を実現しました。13年には火災時の延焼や有毒ガスを抑える建築基準法が施行され、「もえんげん®」の需要が高まりました。金沢市内のまち角で、「もえんげん®」を使って金沢の風情を演出する建築物を目にすることも多くなりました。16年には志賀町の能登中核工業団地に自社の木材加工場「のと里山工場」を建設し、本格的な量産体制を整えました。

能登ヒバの特性を生かした新しい取り組み

「のと里山工場」では、能登ヒバ製建材も量産しています。グループ会社のウッドスタイルクオリティーは、石川の気候にあったヒバ材や自然素材を生かした、戸建て新

まちを彩る不燃木材「もえんげん®」

金沢市役所第二庁舎

JR金沢駅西シェルター

金沢美術工芸大学

不燃木材「もえんげん®」とは

木材にホウ酸塩を加圧注入し、乾燥させた不燃物。炎で熱せられた際、注入されているホウ酸塩が発泡し、ガラスの層を生成する。その発泡ガラス層が木材を包み、酸素と熱を遮断し、延焼を抑える。

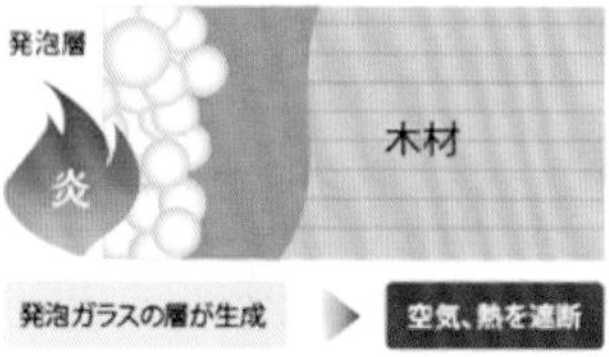

消火メカニズムの模式図

ノトヒバカラベーカリーに隣接する
ウッドスタイルカフェ

植林のイベント

ノトヒバカラノイエの内部

築やリフォーム事業を展開しています。

虫食いやカビに強い能登ヒバの特徴を生かして独自に開発した合板や漆喰を適材適所に用い、さらに不燃木材「もえんげん®」をキッチン周りに使い火災のリスクを減らした「ノトヒバカラノイエ」の販売を22年からスタートしました。金沢市駅西新町3丁目のノトヒバカラベーカリーに併設したオフィスでは、自社のテクノロジーや商品の魅力を幅広く伝えています。

また、住宅をご購入いただいたお客様と一緒に毎年、金沢市の住吉町で植林イベントを開催し、地域と一体となってSDGsにも取り組んでいます。

「木の文化都市・金沢推進事業者」登録証の第1号交付を受けました

加賀木材グループは、2022年12月23日に、金沢市が創設した「木の文化都市・金沢推進事業者」登録証の第1号交付を受けました。今後も金沢市の街づくりに取り組みます。

加賀木材株式会社　〒920-0211　金沢市湊2−21　☎076−238−4131

コマツ支援の日本花の会 金沢市と連携協定を締結 大乗寺公園に桜を植樹

コマツ　金沢工場

金沢市の大乗寺丘陵公園での記念植樹式

国内外に桜の苗木を提供するなど「桜の名所づくり」や「花のまちづくり」を進める公益財団法人日本花の会（東京）は、２０２２年11月に、金沢市と連携協定を結びました。5年間にわたって同市内の公園に植樹する計画で、初年度の同年11月10日、大乗寺丘陵公園に60本の桜を植樹しました。

記念植樹式では、村山卓金沢市長、日本花の会の森島茂男常務理事、コマツ金沢工場の長利啓正工場長、同工場正風会の中山翼会長が、苗の根元に土をかけました。

この日植樹されたのは3品種で、そのうち「舞姫」は、日本花の会が創設50周年を記念して作出しました。染井吉野より少し遅れて咲く八重咲き品種です。

日本花の会は当時のコマツ（株式会社小松製作所）社長、河合良成氏が提唱し、１９６２年に発足しました。それ以来、基幹事業である桜の名所づくりのために国内外に届けた苗木は２５０万本を超え、桜の季節には各地から便りが届くといいます。

日本花の会の結城農場（茨城県）にある舞姫の原木

地域の人々や団体と協力して多彩な活動

これに先立つ11月5日には、金沢市の粟崎やすらぎの林 森林保全活動が行われ、コマツ金沢工場と関連会社の社員約１００人が、地域住民とともに草刈り

大型産業機械、及び建設機械を製造するコマツ金沢工場＝金沢市大野町新町

コマツ金沢工場で製造した高さ約8m の超大型油圧ショベル PC4000（左）。コマツ創立 100 周年記念事業でリニューアルしたこまつの杜に展示されています。右はコマツ製の世界最大級のダンプトラック 930E

やクロマツの間伐を行いました。２０１１年から始めたクロマツの植栽活動で合計１９２０本の苗木を植栽し、その森林を維持する活動を続けています。

７月16日には金沢港クルーズターミナルで開催された「港フェスタ金沢２０２２」で３年ぶりとなる「２０２２コマツ金沢工場フェスタ」を合同開催しました。

粟崎やすらぎの林で続けている森林保全活動

2022 コマツ金沢工場フェスタ

「木の文化都市・金沢推進事業者」登録証の第1号交付を受けました

コマツ金沢工場は、２０２２年12月23日に、金沢市が創設した「木の文化都市・金沢推進事業者」登録証の第１号交付を受けました。今後も金沢市の街づくりに取り組みます。

コマツ 金沢工場　〒920-0225　金沢市大野町新町1−1　☎076−237−2200

建築物における木材利用の促進でSDGs実現を支援する

みづほ工業株式会社

みづほ工業は建築物に木材の利用を促進することにより、健康的で温もりのある快適な空間の形成や、二酸化炭素の排出の抑制及び建築物などにおける炭素の蓄積の増大を通じた、地球温暖化の防止及び循環型社会の形成、カーボンニュートラルの実現にも貢献していきます。

SUSTAINABLE DEVELOPMENT GOALS

みづほ工業は持続可能な開発目標（SDGs）を支援しています。

天井の木組みもおもしろい奥卯辰山健民公園のとんぼテラス

木の温もりと安全性が喜ばれているキッズアカデミー太陽丘こども園

ふんだんに木材を使用して新築した金沢市立森山町小学校

みづほ工房のショールーム=金沢市八日市5丁目の本社

また、みづほ工業の住宅事業部・みづほ工房では、北陸の気候風土の中で快適に暮らすために、厳選した様々な自然素材を適材適所に使用し、木の温もり、美しさ、安全性を最大限引き出し、末永く住み続けたくなる健康な家を提案します。

「木の文化都市・金沢推進事業者」登録証の第1号交付を受けました

みづほ工業は、2022年12月23日に、金沢市が創設した「木の文化都市・金沢推進事業者」登録証の第1号交付を受けました。これから主に2つの活動を通して金沢市の街づくりに取り組みます。

1　建築物の木質化

みづほ工業本社横壁面と玄関内の壁面を緑化します。また、木製ベンチを玄関横の自動販売機前と道路面、バス停前に設置します。

2　木育の推進

5月と8月に本社で木工教室などのワークショップを開催します。

みづほ工業株式会社　〒921-8064　金沢市八日市5丁目 562　☎076−240−7010

城下町に溶け込む外観と能登ヒバを活かした大空間。伝統と最新技術の融合

清水建設株式会社 北陸支店

2021（令和3）年4月に竣工した清水建設北陸支店の新社屋は、北陸に初登場した、未来へつなげる「超環境型オフィス」です。外観は壁柱と庇《ひさし》がつくり出す水平・垂直の深い陰影が金沢の伝統的な街なみと調和し、省エネルギー性能を高める役割も果たします。

金沢の伝統的なまち並みとして知られる茶屋街の「木虫籠《きむすこ》」と呼ばれる細かい格子を外観デザインに取り入れ、外構には金沢市特産で金沢城や兼六園で使われている戸室石を配してあります。

オフィスエリアの天井は、石川県の県木でもある「能登ヒバ」を利用した耐火木鋼梁による格天《ごうてん》井《じょう》になっています。集成材と鉄骨を一体化したハイブリッド梁の耐火被覆に地元を代表する木材・能登ヒバを採用しました。伝統の格天井とコラムレスなオフィスを実現

金沢の町並みと調和する格子状のデザインの外観

撮影：高橋菜生

ひろびろ執務空間には格天井

しつつ、地産地消にも貢献しています。

省エネ・防災の最新技術集積、工芸作品で潤い

金沢の気候と風土を活かした自然エネルギー利用と最新先端技術の組み合わせで、快適な室内環境を実現しながら、建物で消費する年間の一次エネルギーの収支をゼロ以下に抑制した建物で、北陸地域におけるSDGsの達成を目指します。一方、特別応接室には十一代大樋《おおひ》長左衛門氏による意匠で、大樋陶冶斎《とうやさい》、大樋長左衛門、奈良祐希の三氏による作品「天地人」を据え、応接室の壁面には毎田健治氏の友禅作品「彩映遥韻《さいえいよういん》」を配するなど、地元の伝統工芸品を建築に取り入れることで、オフィスにやさしさと潤いをもたらしています。

特別応接室には大樋焼の陶壁と粋な格子戸　撮影：北嶋俊治

応接室を飾る友禅作品の「彩映遥韻」　撮影：北嶋俊治

清水建設株式会社 北陸支店　〒920-0863　金沢市玉川町5−15　☎076−220−5555

「伝統」と「革新」を融合。金沢のまちなみに調和する次世代オフィスビルが誕生

ダイダン株式会社 北陸支店

ダイダン北陸支店の建替地は、金沢市の中心市街地を貫く「百万石通り」に面し、向かいに大樋焼で知られる大樋邸が建つほか、老舗菓子店や料亭も建ち並びます。新オフィスの外観は木質建材や一文字瓦、さらに櫛引左官仕上げを採り入れた、まちなみに調和した趣で、金沢市が掲げる木材利用の推進にそった意匠となっています。

金沢市の「百万石通り」に面する尾張町1丁目に、2022(令和4)年5月に完成したダイダン北陸支店は、金沢市が進める「木の文化都市」のモデルとなる建物です。ダイダンは「金沢市SDGs未来都市計画」の取り組みに賛同。「地域と調和した建築意匠」「環境負荷の少ない建物」「地域と連携した魅力ある建築現場」「誰もが働きやすいオフィス」「IoT活用等による新たな価値」を追及する北陸支店建替プロジェクトを実施しました。

木を多用するとともに、様々な技術を導入して働きやすさを追及した執務エリア

金沢の茶屋街では、室内の明かりが障子や木虫籠を通して通りを照らす風情豊かな景観が見られます。その昔ながらの明かりをロールスクリーンとLED照明で表現する設計。夕方と夜間の違いも演出します。

自然と調和した働きやすい環境

日本伝統の縁側を設けることで、外部からの熱負荷を軽減するほか、自然換気により省エネと快適な空間を実現しています。執務エリア内は温かみや柔らかさをかもす木を多用するほか、植物を用いたバイオフィリックデザインがもたらすリラックス効果により、働く人の知的生産性向上やストレス軽減が図られています。

働きやすさと省エネを実現するために、自然光と連動して人が感じる明るさに配慮した最適照明制御システム、床染みだし空調システムを採用し、合わせて個人が調節できるイス型タスク空調「クリマチェア」を導入して、誰もが健康で心地よく働けるオフィスになっています。台風や地震などの災害後の安全確保や事業活動の継続を目的に、太陽光発電と蓄電池設備、非常時にＥＶ車から建物へ送電する設備と予備電源設備を設けるなど、多彩な災害対応技術も導入されています。

執務エリアの熱負荷軽減の役割も果たす縁側と、柔らかな採光をもたらす格子戸が、ゆったりした和風旅館や料亭をイメージさせせます。

ダイダン株式会社 北陸支店　〒920-0902　金沢市尾張町1−6−15　☎076−261−6147

金沢市における木の文化都市の継承と創出の推進に関する条例

令和4年3月4日
条例第2号

目次

第1章　総則

（目的）

第1条　この条例は、本市における木の文化都市の継承と創出の推進について、基本理念を定め、並びに市、市民及び事業者の役割を明らかにするとともに、施策の基本となる事項等を定めることにより、木の文化都市の継承と創出に関する施策を総合的かつ計画的に推進し、もって本市固有の歴史、文化及び自然と調和した品格と魅力のある持続可能な都市の実現に寄与することを目的とする。

（用語の意義）

第2条　この条例において、次の各号に掲げる用語の意義は、当該各号に定めるところによる。

(1)　木の文化都市　都市固有の歴史及び自然と調和した木の文化を有し、かつ、木が持つ環境保全機能、再生可能な循環資源としての性質、安らぎや癒しを与える効用等の様々な優れた特性をまちづくりに生かした持続可能な仕組みを備える都市をいう。

(2)　木の文化　木が形成する自然環境及び建築物、工芸品その他木の質感を醸し出すものをまちなみ及び生活に幅広く取り入れることによって形成される文化をいう。

(3)　公共建築物　脱炭素社会の実現に資する等のための建築物等における木材の利用の促進に関する法律（平成22年法律第36号）第2条第2項に規定する公共建築物をいう。

（基本理念）

第3条　木の文化都市の継承と創出の推進は、本市において培われてきた木の文化の意義を認識し、これを尊重するとともに、先人たちによって築かれてきた木の文化都市を継承し、かつ、これを磨き高めて新たな有り様を創出し、発展させ、後代へと継承していくことを見据えて行われなければならない。

2　木の文化都市の継承と創出の推進は、地球温暖化の防止が人類共通の課題であるとの認識の下に、環境への負荷を低減し、循環型社会の形成及び脱炭素社会の実現に貢献するとともに、持続可能な社会の実現に資することを旨として、行われなければならない。

3　木の文化都市の継承と創出の推進は、市民の自主性を十分に尊重しつつ、それぞれの興味、関心、生活環境等に応じて多様な形態で木に親しむ社会的気運を醸成しながら、行われなければならない。

4　木の文化都市の継承と創出の推進は、市民の健康で快適かつ豊かな暮らしの実現を促進するとともに、市民が誇りと愛着を持つことのできる活力に満ちた地域社会の実現及び地域経済の活性化に資することを旨として、行われなければならない。

5　木の文化都市の継承と創出の推進は、市、市民及び事業者がそれぞれの役割を認識し、これらの者の相互の理解と連携の下に、協働して行われなければならない。

（市の役割）

第4条　市は、前条に規定する基本理念（以下「基本理念」という。）にのっとり、木の文化都市の継承と創出の推進に関する総合的かつ計画的な施策を策定し、及び実施するものとする。

2　市は、基本理念にのっとり、前項の規定により策定する施策に市民及び事業者の意見を十分に反映させるよう努めるとともに、当該施策の実施に当たっては、これらの者の理解と協力を得るよう努めなければならない。

（市民の役割）

第5条　市民は、基本理念にのっとり、木の文化都市についての理解と関心を深めるとともに、その日常生活を通じて、木の文化都市の継承と創出の推進に自主的に取り組むよう努めるものとする。

2　市民は、基本理念にのっとり、本市が実施する木の文化都市の継承と創出の推進に関する施策に協力するよう努めるものとする。

（事業者の役割）

第6条　事業者は、基本理念にのっとり、木の文化都市についての理解と関心を深めるとともに、その事業活動を行うに当たっては、木の文化都市の継承と創出の推進に積極的に取り組み、そのための必要かつ適切な措置を講ずるよう努めるものとする。

2　事業者は、基本理念にのっとり、本市が実施する木の文化都市の継承と創出の推進に関する施策に協力するよう努めるものとする。

第2章　木の文化都市推進計画

（木の文化都市推進計画の策定）

第7条　市長は、木の文化都市の継承と創出に関する施策の総合的かつ計画的な推進を図るため、木の文化都市の継承と創出の推進に関する基本的な計画（以下「木の文化都市推進計画」という。）を定めるものとする。

2　木の文化都市推進計画は、次に掲げる事項について定めるものとする。

(1)　木の文化都市の継承と創出に関する施策の推進に係る基本方針

(2)　木の文化都市の継承と創出に関する施策の推進に係る事項

(3)　その他必要な事項

3　市長は、木の文化都市推進計画を定めるに当たっては、あらかじめ第17条に規定する木の文化都市を継承・創出する金沢会議の意見を聴かなければならない。

4　市長は、木の文化都市推進計画を定めるに当たっては、市民及び事業者の意見が十分反映されるよう努めるものとする。

5　市長は、木の文化都市推進計画を定めたときは、これを公表しなければならない。

6　前3項の規定は、木の文化都市推進計画を変更する場合について準用する。

第3章　木の文化都市の継承と創出の推進に関する基本的な施策等

（木の文化都市の継承と創出の推進に取り組む意識の醸成）

第8条　市は、木の文化都市の継承と創出の推進について、市民及び事業者の理解と関心を深め、その意識の醸成を図るため、普及啓発その他必要な施策を講ずるものとする。

（環境負荷の低減等）

第9条　市は、市民及び事業者と一体となって木の文化都市の継承と創出に関する施策を推進することにより、脱炭素化等による環境への負荷の低減及び環境の保全を図るものとする。

（持続可能な事業環境の実現）

第10条　市は、木に関わる者への適切な情報の提供その他の必要な施策を計画的に講じ、それらの者の持続可能な事業環境の実現を図るものとする。

2　市は、木材が安定的に需要され、及び供給されるよう、木の植栽、育成、保全及び利用の好循環を創出し、及び維持するよう努めるものとする。

（日常生活及び事業活動の中での木の利用）

第11条　市は、市民及び事業者が、木の利用の重要性に対する理解と関心を深め、その意義を学ぶ機会及び木に親しむ機会を提供することにより、その日常生活及び事業活動の中で広く木を利用することができるよう環境の整備を図るものとする。

（民間施設等における木の利用等の促進）

第12条　市は、市の施設以外の施設等における木の利用等を促進するため、次に掲げる事項について必要な施策を講ずるよう努めるものとする。

(1)　市以外の者が整備する公共建築物における木材の利用の促進に関すること。

(2)　公共建築物以外の建築物における木材の利用の促進に関すること。

(3)　建築以外の分野における木材の利用の促進に関すること。

(4)　その他木に親しむことができる環境の整備の促進に関すること。

（市の施設における積極的な木の利用等）

第13条　市は、自ら行う建築物等の整備に木材及び木材を使用した製品を率先して利用するよう努めるものとする。

2　市は、市の施設において、市民が様々な機会で幅広く木が醸し出す効用を感じられるよう、木に親しむことができる環境の整備その他の必要な施策を講ずるものとする。

（木の文化都市を支える連携体制の整備）

第14条　市は、木の文化都市の継承と創出の推進を図るため、市、市民、事業者、大学その他関係機関の連携体制の整備に努めるものとする。

（人材等の育成）

第15条　市は、木の文化都市の継承と創出を推進し、又はその支援を行う人材及び団体の育成に努めるものとする。

2　市は、木の文化都市の継承と創出の担い手を育成するため、市民及び事業者に対し、地域間、業種間等における多様な交流の促進、研修等の支援その他必要な施策を講ずるものとする。

3　市は、子どもをはじめ広く市民が木に親しむとともに、木の文化都市についての理解と関心を深めるよう、木と触れあう場の充実その他の必要な施策を講ずるものとする。

（財政上の支援）

第16条　市長は、木の文化都市の継承と創出に関する施策を推進するために必要があると認めるときは、予算の範囲内において、財政上の支援をすることができる。

第4章　木の文化都市を継承・創出する金沢会議

（金沢会議）

第17条　木の文化都市の継承と創出の推進を図るため、木の文化都市を継承・創出する金沢会議（以下「金沢会議」という。）を置く。

（金沢会議の任務）

第18条　金沢会議は、この条例に規定する事項その他の木の文化都市の継承と創出の推進に関する事項について市長の諮問に応ずるほか、木の文化都市の継承と創出の推進に関し必要な事項について市長に意見を述べることができる。

（組織等）

第19条　金沢会議は、委員15人以内で組織する。

2　委員は、木の文化都市の継承と創出の推進に関し識見を有する者のうちから、市長が委嘱する。

3　委員の任期は、2年とする。ただし、委員に欠員を生じた場合における補欠の委員の任期は、前任者の残任期間とする。

4　金沢会議に、会長を置き、委員の互選によりこれを定める。

5　会長は、会務を総理し、金沢会議を代表する。

6　会長に事故があるときは、会長があらかじめ指名する委員がその職務を代理する。

（専門部会）

第20条　金沢会議に、必要な事項を専門的に調査検討するため、専門部会を置くことができる。

2　専門部会は、専門委員若干人で組織する。

3　専門委員は、当該専門の事項に関し識見を有する者のうちから、市長が委嘱する。

第5章　雑則

（委任）

第21条　この条例の施行に関し必要な事項は、市長が別に定める。

附　則

この条例は、令和4年4月1日から施行する。

あとがき

「木の文化都市・金沢」が市によって初めて打ち出され3年が過ぎました。コロナ禍に起因する停滞はここでもやっと解消されようとしています。全国の中核市でも、藩政期からの町家をこれほど残しているところはありません。2023年度から10年計画で進める市の推進計画が動き出そうとしていますが、この先、果たして順調に進むのか。せっかくの遺産が死蔵になっていないか。ここは一つ、国県市そして官民が一体になって目を凝らし、スピード感をもって行動に移す好機に臨むべきではないでしょうか。

2023(令和5)年3月　北國新聞社出版局

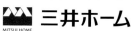

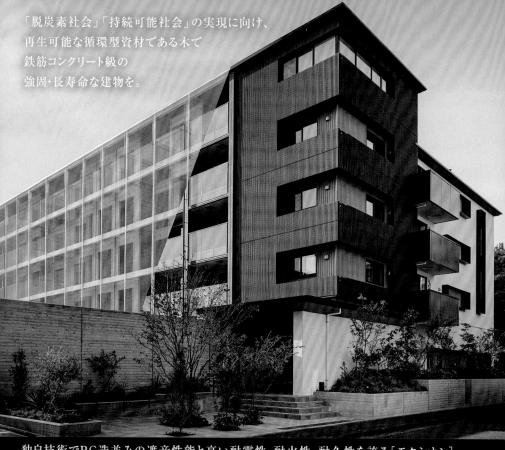

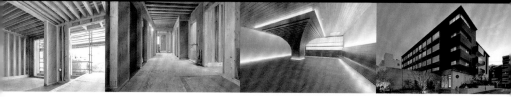

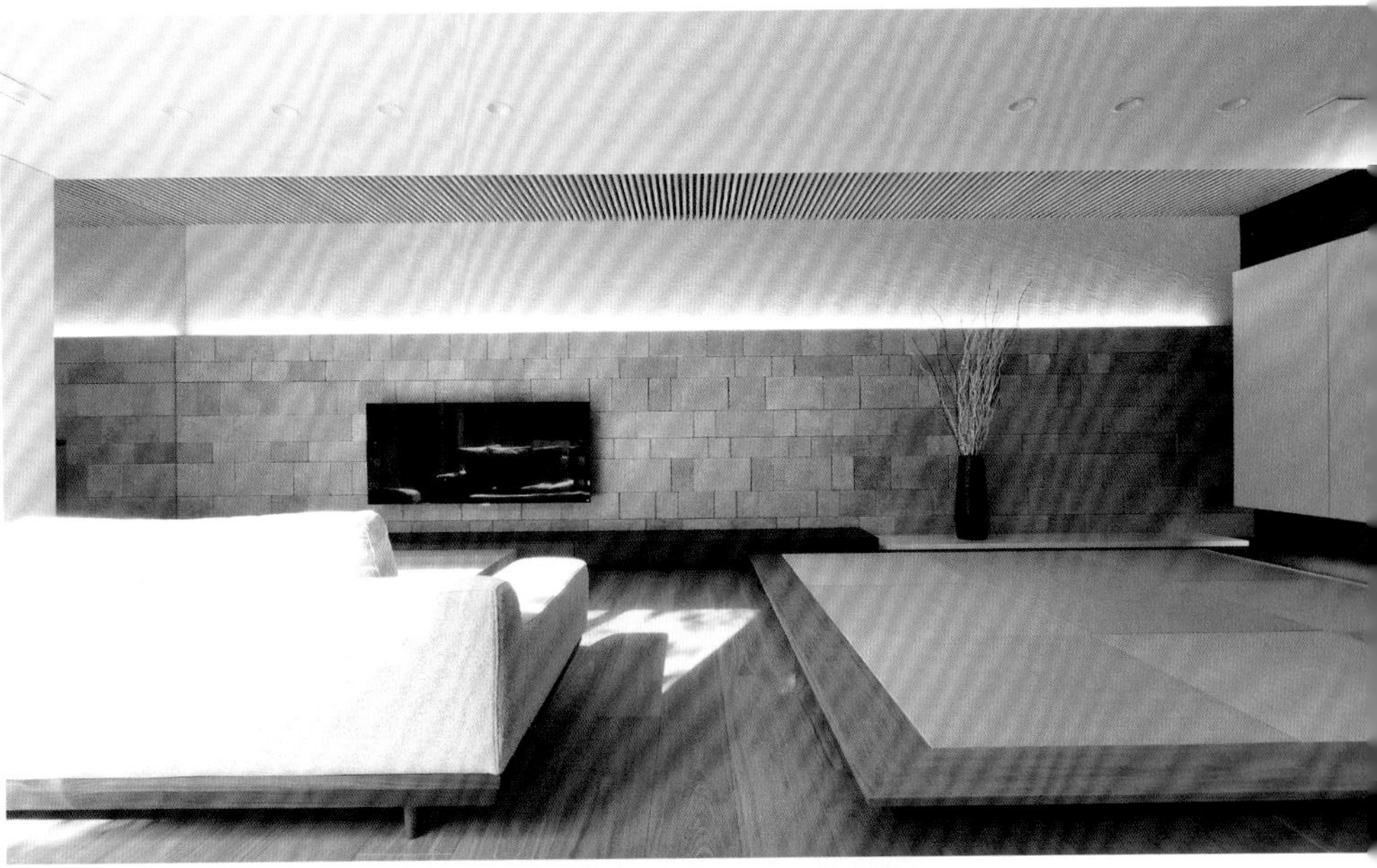

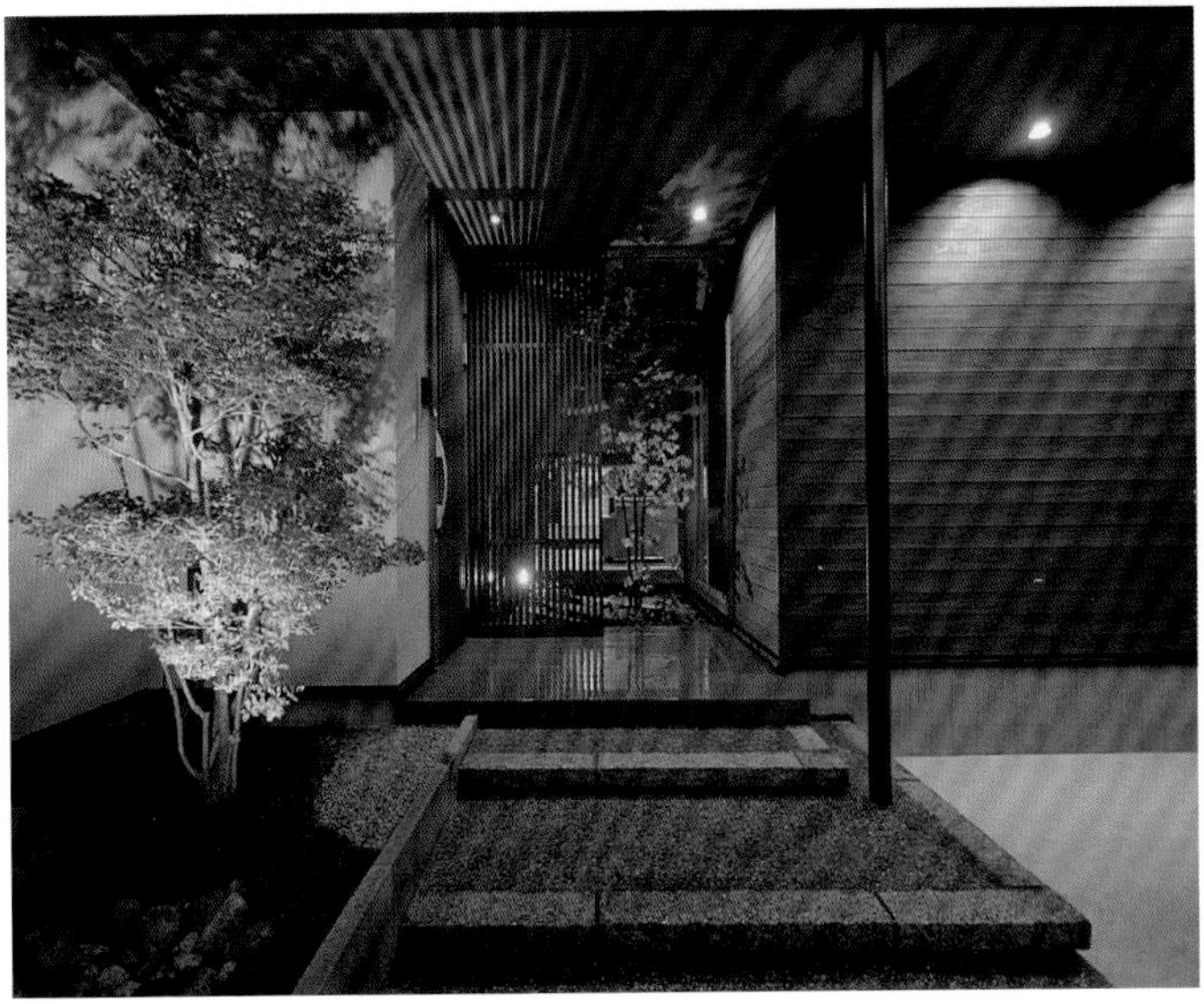

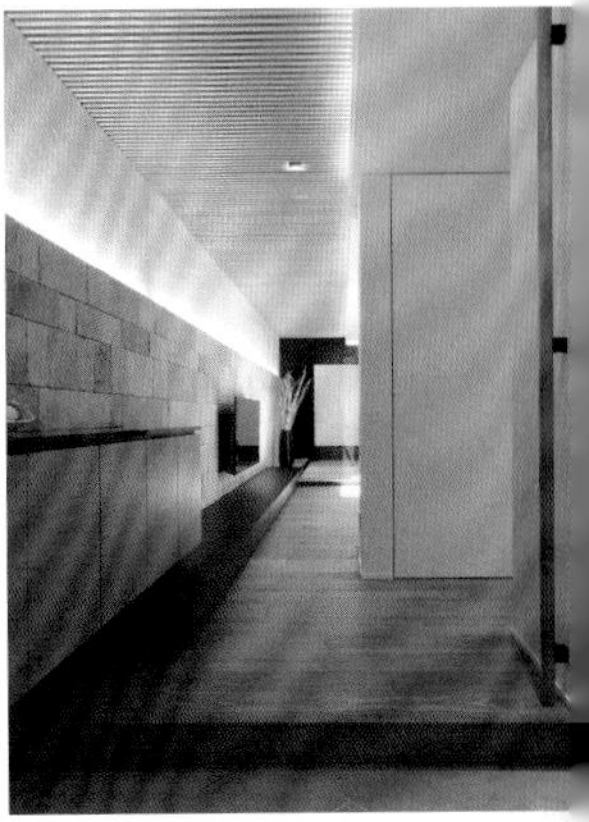

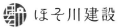

木の文化都市づくり

四百年都市金澤の SDGs

水野一郎　監修

発行日　2023（令和5）年 3 月 31 日　第1版第1刷
編　者　北國新聞社出版局
発　行　北國新聞社
〒 920−8588
石川県金沢市南町 2 番 1 号
TEL 076−260−3587（出版局）
FAX 076−260−3423
電子メール syuppan@hokkoku.co.jp
ISBN978-4-8330-2282-8